Paulo Piratininga (org.)

COMO USAR A MÍDIA A SEU FAVOR

As melhores práticas para ser notícia

CLA editora

2008 – 1ª edição
São Paulo

Paulo Piratininga (org.)

COMO USAR A MÍDIA A SEU FAVOR

As melhores práticas para ser notícia

Editor: Fabio Humberg
Assistente Editorial: Cristina Bragato
Projeto gráfico: João Carlos Porto
Capa: Fernando Reis
Revisão: Humberto Grenes

Dados Internacionais de Catalogação na Publicação (CIP)
(Câmara Brasileira do Livro, SP, Brasil)

Como usar a mídia a seu favor : as melhores práticas para ser notícia / Paulo Piratininga, (org.). – 1. ed. – São Paulo : Editora CLA, 2008.

Bibliografia.

1. Assessoria de imprensa 2. Comunicação nas organizações 3. Ética jornalística 4. Marketing de relacionamento I. Piratininga, Paulo.

08-09969 CDD-659.29070

Índices para catálogo sistemático:
1. Assessoria de imprensa : Relacionamento com a mídia : Comunicação organizacional : Administração 659.29070

Editora CLA Cultural Ltda.
Rua Coronel Jaime Americano 30 – salas 12/13 – 05351-060 – São Paulo – SP
Tel/fax: (11) 3766-9015 – e-mail: editoracla@editoracla.com.br
www.editoracla.com.br

Impresso no Brasil

Aos meus pais,
que patrocinaram meus sonhos.
Aos meus filhos,
Júlia e Pedro Henrique,
a motivação do meu dia-a-dia.
E à minha fiel companheira
Inês, sempre ao meu lado.

ÍNDICE

INTRODUÇÃO

Não posso me nominar autor desta obra. Sou sim o idealizador, pauteiro, organizador, estudioso e incentivador da produção de todos os textos aqui reunidos. O conteúdo do livro é fruto do esforço, dinamismo e reflexão da equipe de profissionais que atuam ou atuaram na **Scritta – Serviço de Imprensa**, a partir de setembro de 2003, quando começamos a produzir mensalmente o boletim **MediaTraining**.

Portanto, trata-se de uma obra coletiva e uma coletânea dos melhores textos produzidos desde então. O meu mérito foi o de instigar a pesquisa e acalentar o debate sobre as melhores práticas, rotinas e procedimentos na área da comunicação corporativa.

Como editor do boletim mensal, hoje tenho certeza que consegui formar mão-de-obra qualificada para o setor, ajudei os iniciantes na atividade a adquirir postura profissional e, principalmente, revelei a milhares de pequenos e médios empresários brasileiros a importância da mídia para ganhar visibilidade e crédito junto à opinião pública.

Como previsto e idealizado, constituímos uma obra que supre uma carência generalizada de literatura específica em língua portuguesa para os atuais e futuros gestores de comunicação empresarial. Mais do que isso, o conteúdo compilado ao longo dos anos de pesquisa, experiência e dedicação de nossos colaboradores revela a empresários, diretores de vendas, pessoal de marketing e profissionais liberais como conquistar espaço na mídia sem gastar uma fortuna.

Agradeço a todos que se envolveram neste trabalho franciscano de produção de conteúdo, tentando explicar de maneira didática, para empresários sem qualquer relacionamento com a imprensa, como funcionam nossas atividades. São responsáveis também por esta obra: Anderson Masetto, Aurora Ayres, Bruno Viécili, César Lopes, Cibele Felix, Denise Aleluia, Diogo Cruz, Emílio Ipaves, Érika Sirino, Fábio Chiorino, Fabiana Baêta, Gilvan Henrique, Juliana Tiraboschi, Kátia de Oliveira Souza, Lara Muniz, Leandro Luize, Leonardo Duarte, Luiz Ciocchi, Lindemberg de Almeida, Maria Inês Arbex, Michele Gonçalves, Natália de Luca, Natália Arbex Linhares, Paulo Roberto Brino Mattus, Rafael Serato, Renata Nogueira, Thiago Cruz, Thiago Moreira, Vanessa Silva, Virgínia Gaia, Yolanda Drumon e Wagner Lima. Se me esqueci de algum nome, me perdoem. Prometo corrigir a omissão na próxima edição.

Modéstia à parte, trata-se de uma turma de valentes.

Paulo Piratininga

PREFÁCIO

Conheci Paulo Piratininga em meados da década de 80, em uma clássica redação de jornal. Naqueles tempos, diferentemente de hoje, a turma do texto dividia enormes mesões, numa anarquia aos olhos menos avisados, e numa afinada sintonia para quem recebia boa parte das notícias internacionais via telex e telefone.

Computador? Com certeza ainda estava longe de habitar o nosso cotidiano. As notícias eram compostas, uma a uma, nas velhas e surradas máquinas de escrever e, ao final do dia, montanhas de laudas se acumulavam. Sinal de que a produção havia sido das melhores!

Tínhamos, na época, o sonho de mudar o mundo através das letras. E não éramos os únicos. Vivíamos, talvez, o fim de uma era romântica do jornalismo, na qual a comunicação era uma arte que desafiava relações, modelos e regras. Fomos, com certeza, felizardos por vivenciar o agitado período de transição, entre o clássico modelo jornalístico e o que se entende hoje por comunicação de massa.

Lá atrás, Paulo começava a desenhar o que seria seu projeto de vida mais adiante. Somou experiência, conhecimento e alinhavou relações. Quando trocou de lado, isto é, passou a acumular as funções de jornalista e empresário da área de comunicação, sabia exatamente o que um profissional gostava ou não de ouvir, queria ou não divulgar, esperava ou não encontrar.

Com certeza, amealhou sabedoria suficiente para atrair novos clientes e, acima de tudo, para ajudá-los a caminhar na delicada estrada da comunicação empresarial. Uma arte, cá pra nós, cheia de nuances, de sutilezas, de diferenciais em um mundo cuja novidade leva segundos para ser compartilhada e a exclusividade, embora desejada com obsessão, é privilégio de poucos.

Numa linguagem direta e de fácil assimilação, Paulo e sua equipe descrevem ao longo do livro cada detalhe desses caminhos, apontando o que é preciso fazer para transformar notícia corporativa em fato de interesse geral e a melhor forma para disputar com qualidade cada linha a ser divulgada pela imprensa. E mais: consegue traduzir de uma forma clara e didática os principais conceitos de comunicação, valiosos para todo o universo corporativo, mas, principalmente, para os pequenos e médios empresários. Boa leitura!

Kátia Simões
Editora da Revista
Pequenas Empresas & Grandes Negócios

Capítulo 1

Formando Porta-vozes

A missão de um porta-voz

Diariamente empresas de um mesmo segmento disputam os espaços editoriais dos veículos de comunicação. Essa conquista se dá por meio de um bom relacionamento com a imprensa, seguindo uma série de protocolos e cuidados para se tornar uma boa fonte de informação.

O **PRIMEIRO PASSO** para uma empresa ser regularmente consultada pela mídia é escolher um interlocutor com boa educação, facilidade de raciocínio, cordialidade e boa fluência verbal. Será uma espécie de embaixador da empresa perante a opinião pública. Conquistar a confiança de um jornalista é um processo lento, mas a perda de credibilidade é um fato rápido – principalmente quando não se assumem erros cometidos. Transparência é fundamental.

Quando uma empresa se torna fonte, sua visibilidade ganha amplitude. Por isso, qualquer deslize também tem maiores dimensões. Com a ajuda da assessoria de imprensa, o **PORTA-VOZ** aprende a se relacionar com os jornalistas que cobrem seu setor, passa a provê-los regularmente de informações e começa a se posicionar nas matérias que escrevem. Nasce aí uma ótima oportunidade para descobrir quais repórteres merecem respeito e apreço.

Obviamente, apenas seguir os preceitos citados não significa o fim de problemas com o que é publicado. No caso de **NOTÍCIAS RUINS**, o porta-voz deve ser o primeiro a se pronunciar. Assim se terá certeza de que a versão oficial dos fatos será publicada pelos repórteres mais próximos.

Lembre-se: alguns jornalistas fazem perguntas constrangedoras, que não devem ser levadas para o lado pessoal. Elas devem ser respondidas com calma e clareza. As respostas curtas e objetivas mostram domínio sobre o assunto. Os *eu acho* e os *pode ser* devem ser banidos do repertório. Um bom termômetro para aferir o interesse do jornalista é a quantidade de **ANOTAÇÕES** que ele faz. Poucas anotações podem refletir desinteresse pelo depoimento.

Quem é e o que pode fazer um porta-voz?

Todo jornalista vai aonde a informação está. Cedo ou tarde sua organização será consultada sobre algum tema relevante. Prepare-se, portanto, para delegar a profissionais da companhia a função de **PORTA-VOZES**, formando uma rede integrada de fontes. Mas quem é mais indicado para atender à imprensa?

Falam com a mídia aqueles que ocupam os **PRINCIPAIS POSTOS** na corporação ou os profissionais de destaque de cada departamento. Em todos os casos, o porta-voz deve ser **CREDENCIADO E GABARITADO**. O diretor-presidente pode ser comunicativo, ter um carisma natural, mas não será capaz de entender sobre assuntos técnicos. Ele certamente se atrapalhará ao discutir a falha em um equipamento, de total domínio de diretores ou gerentes técnicos.

Para evitar armadilhas, deixe claro para toda a corporação quem diz o quê. Um atendente descuidado pode passar uma solicitação de imprensa para a pessoa errada. E, para completar, essa pessoa resolve discursar sobre o assunto errado, achando que ao prestar esse auxílio melhorará seu relacionamento com o jornalista. E uma regra é básica: sempre **CONSULTE SEU ASSESSOR DE IMPRENSA**. Ele é o médico da sua imagem!

Horas depois do expediente, você pode encontrar, em uma mesa de bar ou no shopping center, um repórter estratégico para o seu trabalho. Perfeito! Então dá para estreitar relações com ele sem nenhuma preocupação. Ledo engano. O jornalista não deixa de exercer sua profissão mesmo quando estiver fora do ambiente de trabalho. A fonte, por sua vez, fala permanentemente como **PESSOA JURÍDICA**. Outra recomendação é **NUNCA DISCRIMINAR** um veículo em detrimento de outro.

Obviamente, o porta-voz tem o direito de saber previamente com quem irá falar, não responder a perguntas referentes a assuntos que não domina ou sobre os quais não quer se pronunciar. Mas lembre-se: **SUA LIBERDADE TEM LIMITES**. Venda suas idéias sem detonar o concorrente e seja **TRANSPARENTE**. A imprensa quer fontes qualificadas e também éticas.

Programa de relacionamento com a mídia

"Aquela empresa é inacessível. Dificilmente consigo tirar dela informações preciosas. Mal conheço o executivo." Não são raras afirmações como essas partindo de profissionais de imprensa, sempre atrás de fatos novos e de impacto. Sua companhia se encaixa em tal perfil? O ideal é abrir-se para um **PROGRAMA DE RELACIONAMENTO** consistente.

Quer estar nos jornais e revistas, mas não pode perder tempo nem se dedicar a atender jornalistas pessoalmente? Situação perfeita para fortalecer o **ESTIGMA DE EXECUTIVO DIFÍCIL**, envolto em uma bolha e descredenciado para a função de **INTERLOCUTOR** da companhia. No entanto, com o apoio da assessoria de imprensa, você pode se tornar uma fonte e tanto, e provar que o diabo não é tão feio quanto parece.

Nos bate-papos pessoais com jornalistas, a empresa se humaniza e o empresário prova ser igual a todo mundo. Ele tem família, problemas, um time de futebol preferido e gosta de boa música. É uma ligação de proximidade e identificação que incrementa relacionamentos e também funciona para **TRANSMISSÃO DE INFORMAÇÕES** da corporação e do mercado em que atua. Ao estar cara a cara com o empresário, o jornalista enxerga mais credibilidade em quem está à sua frente.

Um encontro desse gênero deve ser um **MISTO DE CONTEÚDO E DESCONTRAÇÃO**. A opção preferida são os almoços, com sugestão de uma esticada na sede da empresa. Não é preciso falar o tempo todo de negócios nem revelar um segredo de Estado. Mas uma história da empresa bem contada, uma projeção nova do setor, uma visão aguçada da economia e do cenário político ajudam a **TEMPERAR** o encontro.

Um caso prático: um de nossos clientes, que atua no setor de turismo, sempre demonstrou relutância a almoços com a imprensa. Porém, tudo mudou após o encontro com uma repórter de uma revista de expressão nacional. Ao dar a posição dos governos democratas dos Estados Unidos em relação à preocupação em atrair visitantes estrangeiros, ao contrário dos republicanos, o executivo deu à jornalista um panorama que ela até então não vislumbrava. A partir daí, surgiu uma grande pauta. Pronto: você foi capaz de mostrar e **DISSEMINAR CONHECIMENTOS** e a imprensa não te esquecerá tão cedo.

Por que tanta reserva em relação a ações institucionais

Muitos executivos adotam **DOIS PESOS E DUAS MEDIDAS** quando o assunto se refere à **IMAGEM** das empresas que comandam. É considerado natural o destino de milhões de reais para campanhas publicitárias com duração de poucas semanas.

Ações institucionais não têm o mesmo deferimento. Atividades como **RELACIONAMENTO COM A MÍDIA** e relações públicas são comumente encaradas com reserva ou como desnecessárias – mesmo que custem bem menos e durem um ano.

Temas como ética nos negócios, respeito ao consumidor, qualidade de produtos e serviços, investimentos e inovações de gestão destacam e dão valor a um produto ou marca. E podem ser trabalhados de maneira consistente por meio da **COMUNICAÇÃO EMPRESARIAL** e de modo complementar às campanhas de publicidade.

De fato, há uma compreensão crescente da importância da comunicação corporativa. Porém, a experiência e o contato com executivos ao longo de anos mostram que o exercício da atividade ainda é visto como um fardo e não como uma **ÁREA ESTRATÉGICA** para a companhia.

Muitos executivos parecem não ter tempo para pensar em sua comunicação, quando o mundo real exige cada vez mais planejamento, preparo e proatividade frente a esses assuntos também.

Reputação: patrimônio das empresas

Os números são emblemáticos – o maior trunfo de qualquer empresa está em sua **REPUTAÇÃO**. Para não correr riscos ou reduzir a incidência deles, é necessário que a companhia mantenha um bom nome, o que representa uma missão árdua para qualquer gestor.

Pesquisa do instituto de estudos britânico *Economist Intelligence Unit* – feita com 269 executivos de grandes corporações que lidam com risco em todos os continentes – aponta que a percepção da companhia no mercado é o principal diferencial para ela **ASSUMIR A LIDERANÇA**. Se a reputação está abalada, a instituição corre sérios perigos.

Quando o assunto é **GERENCIAMENTO DE CRISES**, as grandes empresas têm muito a ensinar às pequenas. Segundo o estudo, em grupos com receita maior que US$ 10 bilhões, quatro de cinco executivos afirmaram que a empresa investe em gerenciamento de risco. Já em empresas com faturamento de até US$ 1 bilhão, apenas a metade dos consultados contam com algum tipo de **ESTRATÉGIA DE CONTENÇÃO** de crises.

Outro dado importante: para 62% das corporações, a reparação da imagem empresarial é um fato difícil de ser realizado. Para evitar problemas, as grandes multinacionais utilizam-se de planejamento próprio ou seguem pesquisas e recomendações feitas por consumidores, mídia e grupos específicos. Mas não há uma padronização para se administrar o chamado **RISCO-REPUTAÇÃO**. A construção de uma imagem de sucesso depende de medidas preventivas, análise da concorrência, segurança, investimento no capital humano, entre outras ações.

Lembre-se que uma corporação corre risco a cada negociação. Para uma empresa funcionar, é preciso estabelecer uma **BOA IMAGEM**, mantê-la ao longo de cada negociação e recuperá-la sempre que possível. Mudanças no ambiente de trabalho, problemas regulatórios causados por leis novas ou já existentes, ameaças do mercado, dificuldades causadas por ações terroristas são alguns dos elementos que podem atingir uma reputação. Com tantos obstáculos pela frente, todo **CUIDADO** é pouco!

Como promover sua empresa na mídia

Você pretende expandir a visibilidade de sua empresa, mas não sabe como? Caso pense que precisa de mundos e fundos para conseguir o que deseja, está enganado. É possível promover seu empreendimento ou negócio a um custo baixo, com **IDÉIAS SIMPLES** e um pequeno investimento de tempo.

Utilize todas as peças de comunicação de sua empresa (cartões de visita, papel timbrado, envelopes, faxes, extratos de cobrança, recibos e todos os outros documentos) como material promocional de sua instituição, colocando nome, telefone, logomarca, *site*, endereço etc. Pense também em promover **PARCERIAS ESTRATÉGICAS** com empresas que oferecem produtos complementares ao seu, ampliando o leque de serviços ao cliente.

Mantenha-se sempre em contato com pessoas, instituições, fóruns, grupos etc. Escreva artigos, ofereça-se para ministrar palestras, debata os assuntos de sua área, fale sobre a especialidade da empresa. Esse tipo de comunicação pode se tornar propaganda gratuita e proporcionar indicações de negócios para você. **IDENTIFIQUE-SE SEMPRE**, para que saibam quem é você e qual entidade você representa.

Os veículos de comunicação merecem muita atenção. Seja fonte de notícias, enviando à imprensa boas informações que podem virar pauta em jornais, revistas, *web sites*, programas de TV e outros veículos. Escreva artigos bem elaborados e coerentes com sua especialidade e procure **ESTREITAR SUAS RELAÇÕES COM A MÍDIA**. Isso pode abrir as portas da imprensa para sua empresa.

COMUNICAÇÃO é fundamental. Saber como utilizá-la pode favorecer muito seu negócio. Então, mãos à obra! O único investimento é o seu tempo.

Por que não treinar para falar com a imprensa?

Quanto tempo é necessário para aprender a **LIDAR COM A IMPRENSA** e aproveitar melhor as entrevistas? A resposta é subjetiva. Varia muito de profissional para profissional. No entanto, diversos cursos e palestras existentes no mercado se propõem a ensinar executivos e empresários a **DESVENDAR OS SEGREDOS** que envolvem a aproximação com a mídia. Em geral, esses treinamentos têm duração de duas a 12 horas.

Claro que em uma palestra de duas horas ou em um curso de dois dias não se aprendem todos os meandros que envolvem as complexas relações entre empresas e imprensa. Os modelos de *media training* mais comuns se constituem basicamente em três módulos: meio dia, um dia e dois dias.

O módulo de **MEIO DIA** consiste em uma palestra de duas horas, em que são abordados temas como o funcionamento da mídia. Atende bem a grupo de executivos que necessita ter noções sobre o que é noticia e saber as **REGRAS BÁSICAS** nas relações com a mídia.

No curso que dura o dia inteiro, a carga horária média de seis horas engloba ainda **EXERCÍCIOS PRÁTICOS** frente às câmeras de TV para os executivos mais graduados da empresa. Dois dias de treinamento apresentam temas mais aprofundados. Em geral, exigem dos organizadores levantamento e **ESTUDO DE SITUAÇÕES DE CRISE** em potencial e exercícios para os treinandos, que exploram situações de emergência concretas.

Os *workshops*, palestras e cursos de *media training* são, na maioria das vezes, feitos **SOB MEDIDA** para as empresas, mas também existem aqueles que podem ser assistidos por profissionais de diversas áreas e empresas. Para construir uma imagem de credibilidade, as empresas devem prover treinamentos não apenas para porta-vozes, mas também para assistentes, gerentes e – por que não? – para **RECEPCIONISTAS E TELEFONISTAS**, muitas vezes os primeiros profissionais a ter contato com os repórteres que procuram a companhia.

Importância de uma assessoria de imprensa

Você se lembra daquele provérbio "cresça e apareça"? Pois é, muitas empresas acabam invertendo a ordem e **APARECEM PARA CRESCER**. Uma das maneiras mais econômicas e ágeis de marcar presença na mídia ocorre via assessoria de imprensa. Se os bons produtos ou serviços de uma empresa não são mencionados em nenhuma reportagem, passou da hora de contar com um trabalho de consultoria para estreitar o relacionamento com os meios de comunicação.

Um trabalho permanente e contínuo de uma assessoria de imprensa é o caminho certo para expor a **IMAGEM** de uma empresa, aproximando-a de seu público-alvo. As tarefas são inúmeras, mas têm um único objetivo: criar alternativas para que os assuntos pertinentes e de interesse da empresa frutifiquem e tragam **BONS RESULTADOS**.

São os assessores que preparam todas as informações de interesse público, que representam o cliente perante os meios de comunicação, que criam uma boa relação com o público interno e externo e elaboram uma estratégia de comunicação para emplacar um cliente no meio impresso, na TV e no rádio. A preocupação constante em obter uma exposição positiva na mídia torna os resultados mais eficazes e **DURADOUROS**. Com um bom trabalho, em pouco tempo a imprensa passa naturalmente a consultar a empresa para fazer matérias e entrevistas.

Trabalho fácil? Absolutamente não. Os bons assessores sabem o momento de contatar um veículo e qual é o melhor enfoque para cada meio de comunicação. Além de ajudar o empresário com dicas de como se apresentar em uma entrevista ou em um programa de TV, os assessores **SABEM ORIENTAR** e conduzir eventuais processos de crise de imagem pública que venham a ocorrer.

Discernimento, sintonia e resultados

Você tem a exata consciência do **VALOR** que um trabalho regular de assessoria de imprensa pode agregar à sua empresa? A pergunta pode ser simples, mas há quem ainda ache que basta saber escrever um pouco e se comunicar relativamente bem para se tornar um especialista em relações com a mídia.

E é muito comum a **VAIDADE** do cliente atropelar os princípios do bom jornalismo. Afinal, nem sempre o empresário admite a possibilidade de não saber o que é notícia. Às vezes, é capaz de saber, mas insiste em uma divulgação que não trará nenhum retorno, mesmo sob os argumentos embasados de seu consultor de plantão. Admite trocar um processador por uma sugestão de um técnico em informática, mas não ouve os **CONSELHOS PONDERADOS** de seu assessor de imprensa.

Quando o assunto é mídia, definitivamente **IMPROVISAÇÃO NÃO TEM VEZ**. O seu consultor para a mídia deve reunir conhecimentos técnicos suficientes para estabelecer um canal eficaz de relacionamento com os jornalistas. Ao mesmo tempo, deve ter jogo de cintura para driblar adversidades e teimosias internas em relação à comunicação para o público externo.

O jornalista de redação precisa hoje de **INTERLOCUTORES** cientes de suas necessidades e com mente aberta. O assessor atua justamente como um facilitador, um gestor da informação. Essa é a noção clara do "fazer jornalismo" que cliente e assessoria de imprensa têm que valorizar. O que é a notícia, como, quando, onde e por que divulgá-la? Com um planejamento bem delineado, uma **LISTA DE CONTATOS QUENTES** e uma relação aberta e estreita entre as partes, tudo fica mais fácil.

Assessoria interna ou externa?

As empresas precisam de visibilidade para aparecer sempre e prosperar cada vez mais. Você sabe que seu negócio gera boas notícias, mas não tem idéia de como usá-las a seu favor? Por isso, procurar a ajuda de uma **ASSESSORIA DE IMPRENSA**, elo de conexão entre empresas e mídias, é um ótimo caminho. Porém, ao optar pelos serviços de uma assessoria, as dúvidas surgem: é melhor montar um departamento interno próprio, contratar um profissional ou utilizar os serviços de uma empresa estabelecida na área?

A tendência é a opção pela assessoria interna, uma vez que, teoricamente, o profissional encarregado ficaria concentrado no atendimento a um único negócio. Mas a realidade não é essa. A escolha de uma assessoria externa tem a **VANTAGEM** de reunir e divulgar informações mais rapidamente, além de poder contar com uma equipe, que também se dedicará com afinco para atender a seu cliente.

A **DESVANTAGEM** da assessoria interna é que ela sempre estará subordinada a outro departamento, o que tira sua independência e autonomia. Já uma assessoria externa, por estar distante do dia-a-dia da empresa, é mais neutra e imparcial. O assessor que trabalha externamente tem mais facilidade em se colocar no lugar do jornalista para determinar qual será a **ESTRATÉGIA DE DIVULGAÇÃO** e quais as informações mais importantes que serão passadas para a imprensa.

Porém, o empresário precisa confiar plenamente em sua assessoria, deixando para ela a responsabilidade pela seleção e divulgação das notícias, bem como pela decisão da melhor maneira de se relacionar com a mídia. Deve também estar **DISPONÍVEL E ACESSÍVEL** para informar a assessoria sobre os acontecimentos relacionados à empresa, discutir com seu assessor os planos de comunicação e, principalmente, atender às solicitações da imprensa sempre que possível.

Com essas medidas, pode-se inserir a imagem da empresa na mídia, aumentando sua **VISIBILIDADE** e tornando-a mais conhecida, a ponto de se tornar referência em sua área.

O que esperar de um assessor de imprensa (I)

OK, você já entendeu que estar em contato com a imprensa é importante, que os meandros para isso são complexos e exigem o auxílio de profissionais especialistas. Agora é só assinar um contrato com uma assessoria de imprensa e tudo o que fizer será amplamente noticiado, certo?

ERRADO! Contratar uma consultoria de comunicação corporativa vai ajudar sua empresa a fortalecer seus pontos de vista e interesses perante a opinião pública. Porém, isso não acontece como um passe de mágica.

Antes de você se tornar manchete de jornal, é necessário que a assessoria apresente a empresa cliente aos jornalistas e demonstre que se trata de uma **FONTE COM CREDIBILIDADE**. Isso leva algum tempo e requer que você tenha informações diferenciadas para fornecer. Os veículos de comunicação mais sérios sempre procuram fugir do lugar-comum. Mas como você é atento a isso, já separou uma série de dados do setor pouco explorados pela mídia.

Com o material em mãos, a assessoria contata alguns jornalistas e obtém oportunidades para entrevistas. Mas um repórter de um importante meio de comunicação acaba questionando alguns dados, com contundentes contra-argumentos, fazendo o entrevistado perder o tom simpático e um pouco a compostura. Pode-se deduzir ainda que, como foi você quem forneceu as informações, o repórter seguirá os preceitos do bom jornalismo e dará os dois lados da notícia, e um deles é o seu, certo?

Quase certo. Se você atiçar a antipatia do jornalista, ele pode questionar os dados com um concorrente e utilizá-lo como fonte em seu lugar. É preciso ter uma conduta correta com os profissionais da imprensa e **PACIÊNCIA COM OS QUESTIONAMENTOS**, pois esmiuçar os fatos é o ofício deles. Os espaços editoriais são disputadíssimos e a concorrência só espera um deslize para ocupar seu lugar.

Um bom relacionamento com a imprensa requer preparo da empresa. Uma boa dica é fazer a mesma coisa que o mantém atuante no mercado: busque **SER MELHOR** que os concorrentes no atendimento aos jornalistas. E lembre-se: seu assessor de imprensa **NÃO É O DAVID COPPERFIELD**. Ele depende da sua ajuda para torná-lo fonte fixa.

Se você seguir esses preceitos, com o tempo deixará de solicitar oportunidades para ser ouvido e passará a ter sua opinião requisitada.

O que esperar de um assessor de imprensa (II)

Um bom assessor de imprensa deve trabalhar para a construção da imagem e credibilidade da empresa. Inicialmente ajuda o cliente a discernir **O QUE É NOTÍCIA** ou não e a se relacionar com a imprensa, aproximando os candidatos à notícia dos possíveis propagadores.

Mais que isso, um assessor eficiente é um grande conciliador de interesses. Deve ter uma qualificação multidisciplinar. Além da formação básica em jornalismo, ele deve somar as habilidades das relações públicas, o talento investigativo para buscar sempre novas e boas informações, além de uma certa dose de psicologia para escutar e **MATERIALIZAR** na mídia as necessidades do mundo corporativo.

Para colher bons resultados, é imprescindível que a consultoria contratada planeje, dimensione e organize a comunicação de sua empresa a médio e longo prazos. Porém, antes disso, afira se a assessoria consegue se contextualizar em seu mercado de atuação e interpretar suas necessidades do dia-a-dia.

Por formação, um bom assessor de imprensa deve ser um generalista e um atento **ESTRATEGISTA**. Examinando o contexto, os fatores externos e as variáveis internas, ele sugere posicionamentos e mensagens importantes que deverão ser comunicadas. Define ferramentas, objetivos e as ações, inseridas em uma abordagem integrada com as áreas de marketing, vendas ou institucional que, se aceita, poupará tempo, dinheiro e energia do cliente.

O trabalho do profissional e das assessorias não deve se limitar à intermediação de contatos entre a imprensa e o cliente. Cada vez mais se trabalha com um conceito de **COMUNICAÇÃO INTEGRADA**. Ou seja, os assessores pensam a comunicação como um todo e adaptam sua linguagem aos vários interlocutores.

Como escolher uma assessoria de imprensa

Está decidido a iniciar parceria com uma assessoria de comunicação? Um ótimo sinal, mas dúvida é o que não falta nessa hora. O que se pretende com a contratação de uma assessoria? Qual a real **NECESSIDADE** da empresa? Que tipo de trabalho se deseja desenvolver? Qual **PÚBLICO** se quer atingir? E a pergunta principal: **COMO ESCOLHER**?

A primeira coisa a ser levada em conta é que uma assessoria de comunicação responderá não só pelos contatos com a imprensa, mas principalmente pela **IMAGEM** da instituição perante a **MÍDIA**. Ela vai estabelecer **ESTRATÉGIAS DE DIVULGAÇÃO** e fará um plano de gestão de relacionamento entre a instituição (pessoa física, entidade, empresa, órgão público) e a imprensa.

Entre as funções desenvolvidas pela assessoria estão:

1 – **CONSOLIDAR** as relações entre imprensa e seus clientes.

2 – **ENCONTRAR OPORTUNIDADES** para a cobertura das atividades do assessorado.

3 – Apresentar, firmar e **SOLIDIFICAR** as informações pertinentes aos interesses da companhia no contexto da mídia local, nacional e internacional.

4 – **CAPACITAR O CLIENTE** e seus porta-vozes a entender e saber se portar diante de entrevistas e outras solicitações de imprensa.

A **EXPERIÊNCIA** da equipe que vai desenvolver o trabalho é um item fundamental e que precisa ser ponderado. O *network* em meio aos jornalistas, formadores de **OPINIÃO** e a capacidade de entender o contexto político e cultural do meio em que se vai trabalhar, unido a um atendimento **PERSONALIZADO** que explore as principais características da empresa-cliente, são aspectos bem-vindos na hora da escolha.

Mas cuidado, não se aproxime de agências com atitudes **ÉTICAS** duvidosas e com alta rotatividade de funcionários. Um *turnover* elevado transmite insegurança e atrapalha a **CONTINUIDADE DO TRABALHO**.

A contratação de uma assessoria de comunicação é antes de tudo a **CONSOLIDAÇÃO** de uma marca no mercado e requer **TEMPO, RITMO E CONSISTÊNCIA**. Ela não ocorre de maneira isolada. Deve fazer **PARTE DA HISTÓRIA** da companhia.

Divulgação além das mídias especializadas

Ao apostar no trabalho de uma assessoria de imprensa, um empresário pode pensar: "basta sairmos nos cadernos especializados do setor e tudo andará de vento em popa". Enquanto isso, os concorrentes aparecem com ações comerciais nas páginas de economia, nos uniformes dos funcionários, no suplemento feminino e em programas de incentivo profissional em mídias de recursos humanos. E você? Pode também se destacar na mídia por **VÁRIAS EDITORIAS** e ainda se transformar em fonte de notícias sobre assuntos de seu conhecimento.

Estar permanentemente em diversos setores da imprensa é fundamental para que todos os tipos de público constatem a importância da empresa no mercado e conheçam a **ABRANGÊNCIA** dos seus produtos ou serviços prestados. Além disso, contribui para garantir bons relacionamentos com um grupo maior de jornalistas, consolidar negócios e conquistar a simpatia dos consumidores.

Se o empresário esperar por um grande acontecimento, restringindo-se a manter relações com clientes e fornecedores diretos, a corporação aparecerá raríssimas vezes nos jornais e, quando isso ocorre, pode ser em circunstâncias desagradáveis. Do **ANONIMATO** a que se acostumou, a empresa pode ganhar as páginas de um grande veículo em momentos de crise. Como ficaria sua imagem?

Só com trabalho **CONSTANTE E PERSISTENTE** de divulgação é que se consolida a imagem positiva de uma companhia. As assessorias de imprensa cumprem bem o papel de difundi-la em outras frentes. Seus profissionais têm faro para extrair boas idéias dos fatos da empresa, com **ORIGINALIDADE**, texto atraente, ritmo ágil e contatos estreitos com a mídia. O assessor conhece a rotina das redações, distingue a linguagem de cada editoria e dá apoio para a elaboração de reportagens. Os jornalistas das redações, por sua vez, sabem tirar proveito dessa comunicação planejada.

É hora de falar de negócios

"Minha empresa tem capital fechado e está desobrigada de fornecer dados de investimentos e faturamento real." Ou "tenho medo de seqüestro." Sobram desculpas para o empresário que não apresenta números de seu negócio à mídia. Justificativas à parte, uma coisa é certa: revelar tais informações pode ser um **GRANDE APELO** e até algo **FUNDAMENTAL** para a concretização de um esperado destaque na imprensa.

As preocupações que motivam a ocultação dos números são salutares – do ponto de vista da estratégia empresarial ou da privacidade pessoal. Mas cada vez mais uma empresa moderna necessita ser **TRANSPARENTE** em seu relacionamento com os diversos públicos e essa premissa não vale apenas para quem tem ações na Bolsa.

Na visão do jornalismo econômico e de negócios, informações como os números de participação de mercado e faturamento vendem credibilidade ao leitor, ilustram o real posicionamento da empresa, **CONTEXTUALIZAM O DESEMPENHO** do setor em que a companhia está inserida e até um impacto desse segmento na economia local, regional ou nacional.

Na hora de divulgar, a empresa que optar por um comunicado de imprensa sem números ou somente com percentuais alcançará uma visibilidade restrita a veículos específicos de sua área de atuação ou a jornais de menor expressão. Na **GRANDE MÍDIA** a dinâmica é outra. Não haverá destaques nem espaço pela simples ausência de números, especialmente quando se tratar de novos investimentos. Quase todas as publicações consideram esses dados **CONDIÇÃO** ***SINE QUA NON*** para merecer uma notícia.

Por isso, deixe a inibição de lado e pense com estratégia na hora de falar de investimentos, novos negócios, vendas crescentes etc. Você não precisa escancarar as portas do seu negócio, mas também não precisa fechá-las a sete chaves. Para uma imagem mais sólida e positiva, vale a pena **ABRIR INFORMAÇÕES**.

Estigmas do mal no imaginário popular

Não é sem motivo que empresários ficam arrepiados quando o assunto é a imagem das instituições. Tem aí muito de ***MEA CULPA*** pelas práticas nada humanas do capitalismo selvagem. Houve consideráveis avanços, mas resquícios que datam do século 19 ainda norteiam muitas atitudes que jogam na lata do lixo a imagem tanto de instituições públicas e privadas como de várias categorias profissionais

Quase sem exceção, todos carregam um rótulo desagradável, um **ESTIGMA DO MAL** diante da opinião pública – apesar dos altos investimentos em comunicação para a mudança de imagem.

Vejamos **ALGUNS ESTEREÓTIPOS** que predominam no imaginário popular, conforme o consultor Roberto de Castro Neves, autor de vários livros sobre comunicação empresarial:

- Multinacionais: poderosas e maquiavélicas, elas dominam mercados e corrompem governos.
- Estatais: além de ineficientes, são cabides de emprego.
- Bancos: são mesquinhos e insensíveis em relação aos problemas sociais.
- Laboratórios farmacêuticos e planos de saúde: exploradores da saúde pública.
- Indústria química: polui rios, praias e ar.
- Indústria tabagista: vende câncer, falsifica pesquisas e corrompe cientistas.
- Empreiteiras: jogam pesado e corrompem autoridades.

Quando sua empresa – mesmo sendo pequena – fala a um jornalista ou está à frente de um juiz, todo esse fardo produzido por **ANOS DE *FARWEST*** em nome do progresso não pode ser esquecido. E o que fazer? Apesar de ser uma gota no oceano, este livro não deixa de ser uma oportunidade para apresentação de algumas práticas que, se bem administradas, podem mostrar que a sua empresa é responsável e ética nos negócios.

Faça do seu assessor um aliado

Quer ser mais procurado pela imprensa? Talvez o segredo esteja em seu assessor de imprensa e na **ABORDAGEM** dele com os jornalistas. Portanto, fique atento às dicas que você e seu consultor devem seguir para não "azedar" esse relacionamento precioso, e sim conduzi-lo com máxima **EFICIÊNCIA E TRANSPARÊNCIA**.

Muitas vezes, por desconhecer o funcionamento de uma redação, o assessor pode se tornar inconveniente e perder oportunidades. O caminho inverso é **NUNCA SONEGAR** informações e agir como um **FACILITADOR** do jornalista, atuando de fato como um mediador. Postura ética e amigável, mas **SEM BAJULAÇÃO**.

Imperativo também é estar sempre **CONECTADO** com os **ACONTECIMENTOS** no mercado e na imprensa. Ter o *feeling* da notícia certa para cada veículo pode gerar notícias que revelem tendências e originem bons resultados para a companhia. E até diversificar a divulgação dos temas relativos à sua corporação.

Mas lembre-se: sobretudo neste quesito você tem um papel preponderante. Quanto mais **CONHECEDOR DA EMPRESA** à qual presta serviço, mais capacitado está o assessor para atender às demandas dos veículos. Isto é possível somente se você **ABRIR AS PORTAS** da companhia, fazendo dele um de seus aliados mais próximos e ajudando-o a montar um completo banco de dados do seu negócio.

Não se espante ainda se seu consultor **NÃO PRIVILEGIAR** o atendimento a veículos nacionais em detrimento das mídias regionais. Muitas vezes os "grandes" se utilizam dos "pequenos" para montar suas pré-pautas. Em alguns casos, os veículos menores podem atingir de forma certeira seu **PÚBLICO-ALVO** e garantir um retorno mais rápido.

A observação de algumas regras, aliadas ao **BOM SENSO**, fará da convivência entre assessores e jornalistas algo pacífico e bastante proveitoso. Você tem muito a ganhar, desde que entenda o **SEU PAPEL** nesse processo.

Os dois lados do balcão

Embora repórter e assessor de imprensa tenham a mesma formação, suas atividades são bem **DISTINTAS**. O profissional de redações atua como um historiador do cotidiano, influenciando reflexões e provocando ações sociais. O segundo tem a preocupação de conquistar uma **IMAGEM POSITIVA** da instituição junto à opinião pública. O assessor deve também gerenciar a cultura da empresa na comunicação externa e interna, para que a companhia consolide uma postura cidadã perante a comunidade.

Longe da rivalidade muitas vezes imaginada, os dois profissionais precisam se relacionar de forma satisfatória para que a função de um **COMPLEMENTE** a do outro. O jornalista procura o assessor para obter informação ou uma fonte específica. Para facilitar o trabalho, é desejável que o repórter já tenha conhecimento prévio do assunto em pauta e veja no outro um **PARCEIRO** em busca da notícia desejada.

O assessor, por sua vez, precisa divulgar material institucional para a imprensa. É importante que ele não sonegue informações ao jornalista e aja como um **FACILITADOR** nas relações deste com a instituição e as fontes. É preciso também direcionar os *releases* de acordo com as características dos veículos, para que não sejam desperdiçados. Cabe sempre reiterar: o profissional de assessoria também não deve pedir para ler a matéria antes de esta ser publicada.

Essas pequenas **"REGRAS" DE CONVIVÊNCIA**, entre outras, unidas a princípios básicos de bom senso em situações inesperadas, são capazes de proporcionar um bom relacionamento entre os dois profissionais.

Jornalistas *versus* assessores

Apesar da mesma formação, jornalistas e assessores de imprensa trabalham em **LADOS OPOSTOS** do balcão. Um jornalista no cargo de consultor de imprensa age de acordo com os interesses de quem o contrata (empresa privada ou pública). Já os que trabalham em meios de comunicação têm o compromisso de noticiar informações de interesse público – pelo menos é isso que prevê o Código de Ética dos Jornalistas.

Por questão de renda, muitos profissionais brasileiros ainda persistem em atuar nas **DUAS PONTAS** – de manhã dão expediente em uma repartição pública como assessores e, à tarde, trabalham como repórteres ou editores em um órgão de imprensa.

Agem corretamente? Claro que não. Existem **CONFLITOS DE INTERESSE**. Em Portugal, um jornalista de formação que opta por trabalhar como assessor de imprensa é obrigado a dar baixa em seu registro profissional no sindicato da categoria, enquanto exercer atividades ligadas à comunicação corporativa.

Isso ainda não acontece no Brasil, mas o assunto já está no foco da Fenaj – Federação Nacional dos Jornalistas, tamanha a quantidade de jornalistas atuando como assessores de imprensa. Hoje, profissionais com anos de **EXPERIÊNCIA EM JORNALISMO** e passagens por redações dominam com maestria as atividades de comunicação corporativa.

A partir dos **ANOS 80** do século passado, o crescimento do negócio da comunicação nas empresas fez o ofício até então desempenhado por Relações Públicas ser tomado por profissionais que migraram (e continuam migrando) do jornalismo.

Nessa **NOVA TENDÊNCIA**, ex-jornalistas de redações se deram muito bem. Como já sabiam perguntar o que o público tem direito de saber, na nova ocupação passaram a depurar junto ao seu cliente (ou empregador) o que é notícia e propagar aquilo que é interessante difundir. Como se vê, são duas ocupações igualmente dignas, mas com objetivos distintos.

Aprenda a bater papo com a imprensa

Situação que chega a dar arrepios em muitos executivos, a entrevista é a melhor forma de apresentar sua empresa ao jornalista. Geralmente é um bate-papo agradável entre o **PORTA-VOZ DA COMPANHIA** e o repórter, que representa o veículo em que trabalha.

As entrevistas nem sempre são formais. Podem acontecer dentro ou fora do seu ambiente de trabalho. Quando forem formais, devem ter horário marcado. Cabe à **ÁREA DE COMUNICAÇÃO** todo contato jornalístico com a imprensa e agendamento do encontro – além de informações relevantes sobre o veículo e os assuntos que serão abordados.

Longe de assustar, a entrevista deve ser um **DIÁLOGO EQUILIBRADO** com distribuição igualitária da palavra. Por isso, aproveite a chance de retificar distorções de entendimento e de apresentar versões de seu interesse. Você é a **FONTE** e pode dar ritmo à entrevista. Pode pedir ao jornalista para ir mais devagar, por exemplo. Lembre-se de que, como fonte institucional, suas declarações sempre serão veiculadas como **OPINIÕES OFICIAIS** da empresa. Logo, evite expor suas posições particulares.

É importante também se preparar adequadamente para responder a todo e qualquer assunto que possa ser tratado, sobretudo perguntas delicadas. A cada momento há uma mensagem sobre a companhia a ser veiculada. Conhecendo a fundo sua empresa, é possível abordar aspectos que a valorizem. **ENTUSIASMO E CONHECIMENTO** podem trazer mais confiança e contagiar seu interlocutor. Saber aonde se quer chegar com a entrevista é importante, mas jamais se deve perguntar isso ao repórter. É função da assessoria levantar essa informação.

Procure entender o que realmente importa ao jornalista e ofereça respostas para essa busca. Nem sempre o que parece noticioso para a empresa é o que entusiasma o entrevistador. Ofereça informações **IMPORTANTES E EXCLUSIVAS**. Mesmo que nem toda informação passada com exclusividade se transforme em furo, jornalistas adoram "furar" a concorrência.

Cara a cara com o repórter

Um jornalista da grande imprensa agendou uma entrevista presencial sobre os negócios da empresa. Nada a temer, pois é quase certo que a reportagem – se for veiculada – será positiva. Mas é preciso **ATENTAR** a alguns detalhes que podem ser seus **ALIADOS** no encontro.

Primeiro, ajuda muito saber antecipadamente quem é o **REPÓRTER ESCALADO** para a matéria. Se o entrevistado, alguém da empresa ou da assessoria de imprensa acompanha pela mídia o trabalho do dito jornalista, já se pode prever o tom e o **DIRECIONAMENTO** da reportagem.

Um segundo ponto é criar empatia ao recepcionar o jornalista. Outra coisa também é certa: todo repórter presta atenção no ambiente de trabalho do entrevistado. Ante-sala, secretária, sala, mesa, decoração, livros na estante e documentos à mostra são sempre alvos da atenção do entrevistador.

No contato inicial, quebre o gelo com um **BATE-PAPO MENOS FORMAL**. Se o encontro começar tenso, procure dialogar sobre outros temas. Mantenha uma **POSTURA FIRME**, mas aja de forma espontânea. A tranqüilidade irá ajudá-lo a "conduzir" a entrevista com respostas coerentes e com credibilidade.

É importante enxergar o jornalista como uma oportunidade para seus negócios ou problemas e não como uma ameaça. Olhe nos olhos dele e seja objetivo. Lembre-se que a pauta – idéia matriz do tema a ser abordado – pode ganhar novos contornos com o que é dito **FORA DO *SCRIPT***.

Por isso, nada de **RESPOSTAS CURTAS** que dificultem o avanço do diálogo. Perguntas desconcertantes são sempre contornáveis e um bom repórter é treinado para encontrar o momento certo para voltar ao assunto. Confie em suas habilidades e faça de seus argumentos o fio condutor de um novo ângulo para a reportagem em produção.

Como receber um jornalista em sua empresa

Quer **ABRIR AS PORTAS** de sua empresa a jornalistas? Ótimo, você está no caminho certo para cultivar bons relacionamentos com a imprensa. Mas quer também ver esse "tiro sair pela culatra"? Deixe esse visitante tão **ESTRATÉGICO** aguardar meia hora para ser recebido, tendo de aturar "recepcionistas-robô" e enfrentar a concorrência dos constantes telefonemas que você atende durante o encontro.

O repórter que entra no território de uma empresa deve ser tratado como um fornecedor ou um gerente de outra corporação. Nada de elogios rasgados ou paparicos, tampouco aquela recepção tão calorosa quanto artificial. As secretárias devem ser naturalmente gentis, chamando-o pelo nome e oferecendo água e café. Após ser recebido **SEM EXCESSOS**, o jornalista espera por um pronto atendimento do executivo. Afinal, o tempo costuma ser inimigo de todo profissional de mídia.

Também é importantíssimo que a conversa flua com o **MÍNIMO DE INTERRUPÇÕES E RUÍDOS**. Preferencialmente, o encontro deve ocorrer em uma sala fechada, bem iluminada e sem nenhuma pessoa por perto. Do contrário, a entrevista virará uma grande novela, com direito a intervalos para o empresário dizer "eu te amo" para a filha, deliberar pendências com funcionários, usar expressões grosseiras com um amigo. Isso sem contar o som das buzinas nas ruas e a linha de produção a pleno vapor.

ESTEJA TAMBÉM PREPARADO para a pauta. O executivo deve ter em mãos a maior quantidade possível de dados (principalmente números), que completem de alguma forma o texto previamente enviado pelo assessor de imprensa ao repórter. Uma conversa descontraída, objetiva e sem paradas desnecessárias pode gerar uma exposição valiosa.

Terminado o bate-papo, que tal levar o jornalista para conhecer mais de perto as **INSTALAÇÕES DA EMPRESA**? Nesse momento, o porta-voz poderá contar um pouco sobre seu modo de administrar os recursos humanos, colocá-lo em contato com seus colaboradores e, enfim, mostrar como funciona a linha de produção. O passeio, sem dúvida, poderá render *insights* para várias pautas do jornalista e da mídia que ele representa.

Repórter na linha

O dia foi estressante, as vendas não decolaram, clientes se queixaram. De repente, toca o telefone. Um **JORNALISTA QUER ENTREVISTÁ-LO**, com um farto questionário e a necessidade de ter as respostas o mais rápido possível. Você pode achá-lo um chato e inconveniente ou se envaidecer porque foi procurado pela imprensa. Deixe tudo isto de lado e **ATENDA SEMPRE**, mas com preparo, elegância e sinceridade.

Com o auxílio do assessor de imprensa, uma entrevista é bem menos espinhosa. Mas alguns repórteres optam pelo contato direto, com a deliberada intenção de tirar do empresário aquilo que certamente passaria pela triagem do assessor. Cuidado. Pode ser uma armadilha e, se você não se sentir seguro, **PEÇA ALGUNS MINUTOS** para retornar a ligação. **OUÇA CONSELHOS** da assessoria para saber a repercussão positiva que a matéria pode proporcionar e se é adequado não atender – neste caso, diga não de forma respeitosa e embasada.

Se resolver falar, procure ter ciência do assunto – se não das perguntas básicas, ao menos entenda a linha da reportagem. E jamais se esqueça de ter à mão **DADOS ESTATÍSTICOS** de sua companhia e do mercado. Não custa nada também contar com uma **LISTA DE ASSUNTOS CONTROVERSOS** e críticos que podem ser questionados. Você até pode responder sobre eles, mas sem acabar com a concorrência e falar o que vem à mente julgando estar na frente de um amigo. Informação em *off* vale quando você ou o assessor conhecem melhor o jornalista.

Entrevistas representam uma oportunidade para disseminar sua história ou da empresa, cultivar relacionamento com a imprensa e até para se preservar em momentos de crise.

A receita, no final das contas, é simples: **SAIBA DIZER NÃO E SAIBA COMO DIZER SIM**.

Entrevista na mídia: como se portar (I)

A entrevista é um **JOGO DE PERGUNTAS E RESPOSTAS** no qual há **EXPECTATIVAS** de ambas as partes. Quem responde aguarda, ansiosamente, as perguntas do jornalista. Por sua vez, as questões são lançadas e espera-se que as declarações sejam dadas de forma clara e objetiva.

É importante salientar que as partes envolvidas **REPRESENTAM** o veículo do jornalista e a empresa /órgão que responde às perguntas. Assim, as respostas serão consideradas **PALAVRA OFICIAL**. Mesmo que, lado a lado, estejam grandes conhecidos ou amigos de longa data.

A grande maioria das entrevistas tem **CARÁTER FORMAL** e é solicitada à área de comunicação que indica a melhor fonte interna. Em alguns casos, quando a empresa tem algo importante a comunicar, costuma-se convocar uma coletiva.

Há situações em que o caráter formal é deixado de lado. Isso acontece quando os representantes são abordados fora do ambiente de trabalho. Nesse caso, a conversa aparentemente "informal" requer **CUIDADOS REDOBRADOS**, porque há a tendência de se falar além do necessário.

EQUILÍBRIO no diálogo é a palavra-chave. Aja com **PROFISSIONALISMO** e elegância, mesmo frente a perguntas desagradáveis e, muitas vezes, inconvenientes. Não caia na armadilha de falar mal do concorrente, que um dia pode ser seu aliado em alguma crise setorial, ou de superestimar números simplesmente para ratificar uma liderança de mercado.

INTERAJA com o jornalista. Responda às dúvidas com embasamento. Caso haja equívocos nas questões, esclareça-os imediatamente. Se a fonte foi procurada, é sinal de que houve o **INTERESSE DA MÍDIA**. Agora, é fazer da entrevista uma excelente **OPORTUNIDADE** de a empresa se apresentar e mostrar seus pontos de vista.

Entrevista na mídia: como se portar (II)

Quer melhorar a **VISIBILIDADE** da empresa sem ter de fazer propaganda? Se a resposta é sim, a chave é aprimorar o relacionamento com a mídia se abrindo para entrevistas. Prepare-se para ser, portanto, um verdadeiro prestador de serviço à imprensa.

Quando abordado por um jornalista, tente dominar o assunto e sempre tenha em mãos **DADOS CONCRETOS** como pesquisas, números ou exemplos do que está sendo dito. Isso o deixa mais à vontade perante câmeras, microfones, gravadores ou no telefone. Pronuncie bem as palavras, evite jargões técnicos e, quando utilizá-los, explique de maneira simplificada. Lembre-se de que a linguagem técnica é complexa.

Mas **OUVIR** é tão importante quanto falar. Seja polido diante de perguntas embaraçosas ou contundentes. Caso não saiba responder, peça um tempo – 30 minutos no máximo – ou então diga de forma clara que aquela não é sua área ou que você não tem autoridade para abordar o assunto. **EVITE EVASIVAS** e desculpas. Isso pode piorar a situação e fazer com que os jornalistas tenham uma impressão equivocada.

SINCERIDADE é essencial. E se, ao final da conversa, bater ainda alguma insegurança, faça um resumo do que foi dito e verifique se o conteúdo foi claramente entendido. Nem cogite pedir para ler a matéria antes da divulgação: não se mete a colher em conteúdo editorial.

Jornalistas não têm horário fixo. Por conseqüência, se você quiser ser uma fonte é melhor não escolher a hora – forneça seu celular e procure mantê-lo disponível o máximo de tempo possível. Fique tranqüilo: ninguém te ligará em plena madrugada. Se puder entregar um **CARTÃO DE VISITAS**, melhor ainda, já que evita que seu nome e o da empresa sejam grafados de modo errado. Também vale lembrar: independentemente do porte do veículo, atenda a todos da **MESMA MANEIRA**. Está aí o manual do bom entrevistado!

Entrevista na televisão (I)

Podem ser 15 segundos, mas suficientes para dar um recado a milhares de pessoas. Estar na **TELEVISÃO**, mesmo por pouco tempo, é uma bela chance para o empresário ou executivo **DIFUNDIR IDÉIAS**. Muitas vezes ele nem é considerado como alguém que fala apenas pela empresa, mas que pode servir de referência para todo o seu setor de atuação.

Mas como é possível ser tão sintético em menos de um minuto? Simples: com **PREPARO E TREINAMENTO**. A partir de suas palavras – e também de sua imagem – o telespectador construirá a imagem da empresa.

Se tiver que se deslocar a um estúdio, nada melhor do que chegar ao local seguro do que vai expressar diante das câmeras. Uma boa sugestão é anotar **POSSÍVEIS PERGUNTAS E RESPOSTAS** e simulá-las. Vale ressaltar a importância de conhecer com antecedência o público-alvo e o perfil do programa. Uma coisa é entrevista. Outra é debate.

Só de aparecer na TV você já se sobressai perante os espectadores. Procure **ROUPAS DISCRETAS**. Não exagere no traje, com tons que desviem a atenção e impeçam o público de absorver o mais importante: o que está sendo dito.

Ao iniciar, seja **CLARO**, cumprimente o apresentador apenas com um "Bom dia" ou "Boa noite". Comece a responder olhando para o jornalista e depois se volte para a câmera. **REVEZE**, o ideal é olhar 80% ou 90% do tempo para as câmeras. Se o debate focalizar o entrevistado o tempo todo, faça o contrário e mire o jornalista a maior parte do tempo.

Para projetar uma imagem de **ELEGÂNCIA**, mantenha a postura ereta. Evite portar canetas nas mãos ou movimentar o corpo muitas vezes durante a entrevista. Seja **AGRADÁVEL**, procure ter a fisionomia relaxada e descontraída.

Opa! Uma pergunta fora do *script*. Tire o **JOGO DA CINTURA** da cartola, mantendo-se firme e coerente, sem perder a compostura. Ou você pensa que teria moleza? O mesmo vale para questões relacionadas à concorrência – se puder evitar o ataque, melhor.

ORGANIZAÇÃO, POSTURA, EQUILÍBRIO E OBJETIVIDADE. A cartilha é fácil de cumprir. Aproveite e boa sorte!

Entrevista na televisão (II)

A televisão é um dos meios de comunicação mais abrangentes, que atinge grande número de pessoas no país. Por isso, uma entrevista nesse veículo é o sonho de muitos empresários. Aparecer na telinha sempre rende excelentes benefícios. Pode-se abordar as conquistas da empresa, expor idéias inovadoras e apresentar qualidade de produtos e serviços. Mas vale lembrar que o entrevistado não fala por si, e sim pela empresa. Portanto, **PREPARE-SE**, porque reverter uma entrevista ruim é bem mais trabalhoso que construir uma boa imagem.

Veja algumas dicas e técnicas para evitar contratempos diante das câmeras:

- Primeiramente, descubra qual é o **PÚBLICO-ALVO** do programa e seu **PERFIL**. Se possível, assista as entrevistas anteriores.
- Procure saber quanto tempo terá a entrevista e onde ela será gravada, se será em estúdio ou em local externo. Essas informações o ajudarão na hora de organizar as idéias e escolher o traje.
- O traje deve ser confortável e estar de acordo com o perfil do programa. Em caso de dúvida, os homens devem usar terno e gravata. As mulheres podem vestir um *tailleur*. **ROUPA DISCRETA** não desvia a atenção do telespectador. Evite listras finas ou xadrez. Brincos e colares devem ser apenas um complemento.
- Os homens devem se barbear porque isso facilita a maquiagem e transmite uma imagem mais nítida do rosto. As mulheres podem utilizar maquiagem do dia-a-dia, que deverá ser retocada antes da entrevista.
- Não se exceda ao cumprimentar o entrevistador quando estiver no ar. Responda apenas "obrigado" e espere pelo início da entrevista. **SEJA AGRADÁVEL** e simpático.
- Evite fazer publicidade de sua empresa. O que estará "à venda" em uma entrevista é o institucional.
- Preste atenção ao microfone para não raspá-lo na roupa, evitando ruídos. Barulhos como bater a ponta da caneta na mesa também atrapalham.
- Beba água somente nos intervalos ou antes de a entrevista começar. O café deve ser evitado para não prejudicar a voz.
- **EVITE MÍMICAS** ou gesticulações excessivas.
- Mantenha um tom de voz calmo, claro e seguro. Não ria alto nem altere muito o tom.
- A postura é muito importante. Não se acomode de maneira relaxada na cadeira nem se apóie na mesa. **SENTE-SE NA POSIÇÃO ERETA**, com os pés apoiados no chão. Se houver mesa, é permitido apoiar os antebraços.

Lembre-se de que uma entrevista bem concedida **VALE MAIS** que mil anúncios pagos. Portanto, não desperdice a oportunidade.

Entrevista no rádio (I)

Não é novidade que o jornalismo radiofônico representa um meio de comunicação **RÁPIDO, PODEROSO** e de **LONGO ALCANCE**. Entrevistas no rádio são o caminho ideal para os empresários divulgarem análises sobre sua área de atuação. Uma entrevista bem-sucedida dá mais retorno que anúncios pagos. É uma grande chance, mas que pode virar um fracasso se o entrevistado não conseguir se expressar claramente. Para que isto não aconteça, que tal atentar para as seguintes dicas?

- Primeiro passo: **PLANEJE-SE** para a entrevista. Você pode até manter no seu campo de visão um *briefing* com as informações mais relevantes. Simular perguntas e respostas pode ser um bom negócio.
- Não fique assustado com o microfone. Fale com quem está ouvindo o programa, mas não pense na quantidade de ouvintes.
- Em estúdio ou no escritório, **NÃO SE DISTRAIA** com sons e movimentos no local. Se puder, escolha um local mais privativo.
- A redundância é um dos erros mais comuns, fique atento.
- O excesso de adjetivos enfraquece a qualidade da informação.
- **EVITE PALAVRAS NO PLURAL** e use o singular para errar menos.
- O uso dos pronomes *seu, sua, seus* e *suas* pode confundir o ouvinte. É melhor dizer *o ministro saiu com o cachorro dele* do que *o ministro saiu com seu cachorro*.
- Os pronomes pessoais também **PODEM CONFUNDIR**. Só diga *ele, elas, eles* ou *elas* se o ouvinte puder ter certeza de quem se trata. Repita o nome de quem está falando, se for necessário.
- Torne a conversa informal, mas não use gírias. Ao mesmo tempo, evite o uso de termos técnicos, boa parte deles indecifráveis.
- Prefira a **LINGUAGEM COLOQUIAL**. Ao invés de falar "poder-se-ão", diga "poderá". E no lugar de "machucou-se", use "se machucou".
- Na dúvida, substitua a palavra difícil por uma mais fácil.
- Repita uma explicação se for preciso. Fale mais de uma vez os telefones, endereços e *e-mails* para o ouvinte ter tempo de anotar.
- **CUIDADO COM O TOM** de voz – a forma como você comemora uma conquista da empresa não é a mesma que se usa para falar de acidentes.
- Economize seu tempo e o do repórter. As conversas mais longas podem ficar para outra oportunidade.
- Se estiver resfriado ou gripado e isto interferir na sua performance, é mais recomendável pedir para adiar a entrevista.

Entrevista no rádio (II)

Agilidade, prestação de serviços e longo alcance – maior até que a televisão – fazem do jornalismo radiofônico brasileiro um dos mais qualificados do mundo. Com mais de 3,6 mil emissoras em território nacional, o rádio é um **MEIO PODEROSÍSSIMO** para que os empresários exponham análises e impressões sobre o mundo dos negócios.

Mas como cautela não faz mal a ninguém, fique atento a alguns pontos que podem manchar sua imagem em entrevistas ouvidas por milhares de pessoas. A riqueza desse espaço está nas **MODULAÇÕES DA VOZ**, que passam emoção, mostram o estado de espírito de quem fala. Tiques verbais transmitem a sensação de despreparo, e a gagueira revela insegurança.

Quem concede uma entrevista a uma emissora de rádio deve ter **BOA DICÇÃO**, domínio da língua portuguesa, ser bem didático e falar com ritmo. Evitar palavras rebuscadas e períodos longos é regra básica. Prefira as abordagens diretas nas entrevistas gravadas, quando geralmente são aproveitados apenas 40 segundos de tudo o que você falou. Isso não significa, porém, ser monossilábico: transmita o seu recado, com pequenas pausas no fim de cada oração.

Já as **ENTREVISTAS AO VIVO** duram, em média, cinco minutos – tempo mais que suficiente para desenvolver um raciocínio sem tom de discurso. Como o imediatismo domina os radiojornais, as fontes precisam estar disponíveis para o assunto em foco no dia. Quem atende logo aos profissionais de rádio **GANHA PONTOS** e consegue mais espaço na programação.

Entrevista no rádio (III)

Ter **PAVOR DE MICROFONES** e câmeras é um fato normal. Mas antes de impor resistência a entrevistas à mídia, pense na oportunidade de **DESPERTAR A ATENÇÃO** de milhões de pessoas e ser uma referência, inclusive para seu setor de atividade. Mais do que isto: com um pouquinho de treinamento, o medo passa em um instante.

Para isso, **OBJETIVIDADE,** boa dicção, domínio da língua portuguesa, não gaguejar e se expressar corretamente são essenciais. Evite também períodos longos nas falas e palavras complexas que podem deixar o ouvinte confuso. Acima de tudo, seja claro no que fala.

Uma entrevista no rádio ainda oferece um privilégio ao entrevistado. Ao contrário de outras mídias, você pode eventualmente **REPETIR IDÉIAS OU ATÉ INFORMAÇÕES**, sempre enfatizando os pontos mais importantes. Até porque há ouvintes ligando o aparelho no meio da entrevista ou mesmo distraídos.

Simplicidade é tudo. Evite **TERMOS TÉCNICOS E ESTRANGEIRISMOS**. Por conta dos diferentes perfis de ouvintes, a entrevista deve parecer um bate-papo. Esta recomendação precisa ser seguida mesmo em televisão. Para facilitar, **ARREDONDE CIFRAS, IGNORE SIGLAS E CHAME O ENTREVISTADOR PELO NOME**.

Um dado importante: a entrevista na televisão é mais rápida e **OBJETIVA**, devido à escassez de tempo. E observe bem o **VISUAL** e a **POSTURA**, pois o que tem que chamar a atenção é a informação e não a aparência do entrevistado. Portanto, vista-se com sobriedade, naturalidade e adequação.

Continua achando o microfone um “bicho de sete cabeças”? O bom resultado de uma entrevista pode ser um antídoto e tanto.

Amizade e jornalismo são incongruentes

Após meses ou anos de uma relação de **CONFIANÇA** e cumplicidade com o jornalista, está na hora de o executivo colocá-lo em sua lista de amigos pessoais. Afinal, as numerosas trocas de informação e a preciosa colaboração mútua justificariam tal proximidade. Mas, neste caso, prepare-se para deixar de ser fonte desse repórter. Amizade e jornalismo não cabem no mesmo dicionário.

Obviamente, empresários e profissionais de imprensa podem gostar de conversar sobre os mesmos assuntos, discutir com entusiasmo um novo CD de MPB ou a situação do seu time do coração no Campeonato Brasileiro. Porém, jornalista é jornalista 24 horas. As **AFINIDADES** não podem jamais se sobrepor à **CREDIBILIDADE** que toda fonte deve transmitir.

O executivo sempre está sob o risco de ter uma informação sua publicada à revelia após conversa informal com o repórter ou editor. Ou então dados importantes de um documento podem sair de sua mesa de trabalho para as páginas dos jornais do dia seguinte, simplesmente por terem sido deixados ao alcance do "seu amigo". Isso, no entanto, enterrará a lealdade tão fundamental nessa relação? Não. O jornalista fez apenas uma escolha coerente entre uma relação amistosa e o **INTERESSE PÚBLICO**. Qual opção prevalecerá?

Aliás, estando tal profissional dentro ou fora de seu círculo de intimidade, a fonte deve, invariavelmente, ser sincera e **NÃO ABUSAR**. Nada melhor, ao realizar os contatos, que um *feeling* apurado: a coisa certa no lugar e hora certos. Ao cumprir esse papel, com o auxílio do assessor de imprensa, o vínculo de confiança se consolidará. E as boas novas de uma empresa terão muito mais chances de ser publicadas.

Cafés e almoços com os jornalistas

Como todos os gurus enfatizam, a realização de cafés-da-manhã e/ou almoços representa uma excelente oportunidade para discussão e fechamento de novos negócios. Então, por que tanta resistência em melhorar o relacionamento com jornalistas longe da entrevista tradicional por telefone ou da sala de conferência de imprensa?

Convites para esse tipo de encontro são muito **BEM ACEITOS**. Mesmo com as agendas apertadas, os jornalistas sempre têm interesse em conhecer novas fontes ou saber mais sobre uma determinada estratégia do mundo dos negócios. Apesar de não ser uma regra oficial, a **CONVERSA FRANCA** em um ambiente descontraído acaba – mais cedo ou mais tarde – produzindo bons frutos.

No entanto, marcar um encontro dessa natureza não é uma tarefa fácil e o conhecimento de algumas regras é sempre útil. Para atrair o repórter é preciso apresentar um **CONTEÚDO CONSISTENTE**. Além disso, deve ser convidado o jornalista certo do veículo correto para que o foco do bate-papo não se perca.

Fuja de restaurantes muito badalados e **RESERVE COM ANTECEDÊNCIA** os lugares. A localização dentro do estabelecimento também é crucial. Evite as áreas mais barulhentas e de grande circulação. As mesas laterais, junto às paredes, são as mais indicadas.

Como em qualquer almoço de negócios, **SEGURANÇA** e **CALMA** são fundamentais. Transmitem mais honestidade e confiança. O assessor de imprensa deve estar presente e ser o primeiro a chegar para as devidas apresentações. Representando a empresa, no máximo dois diretores.

Logo após os apertos de mãos, o **PROPÓSITO DO ENCONTRO** precisa ser anunciado pelo assessor, que deve manter uma postura de discrição. Bebidas alcoólicas e pratos demorados não são aconselhados. No fim do evento, o assessor deve entregar o *press kit* preparado para o encontro. Obviamente, a conta será paga pela empresa que convida.

Por dentro do funcionamento da redação

Você acaba de fechar o maior contrato da história de sua empresa, o que pode render espaço nos principais jornais do País. Mas será que é bem assim? Tal informação é realmente vista como importante pela imprensa? Talvez. A divulgação em um grande veículo depende de **DIVERSAS VARIÁVEIS**, que começam a ser compreendidas quando se sabe como é a **DINÂMICA DE UMA REDAÇÃO**.

O primeiro passo é entender que cada veículo se dirige a um determinado **PÚBLICO-ALVO**. Vale dizer também que em uma redação chegam diariamente milhares de notícias factuais de interesse geral. São as chamadas **PAUTAS QUENTES**, que certamente levam vantagem sobre o seu grande contrato.

A próxima etapa é saber o processo de **CONFECÇÃO DE UMA MATÉRIA**. O **PAUTEIRO** é o profissional que chega mais cedo à redação. Ele seleciona todas as sugestões de possíveis pautas (como a sua) e escolhe o que será desenvolvido para se transformar em reportagem. Se sua sugestão passou por essa fase, bom sinal. Um repórter será escalado para entrevistá-lo e construir o texto que, posteriormente, passará por revisão. O editor, no final do dia, concluirá o processo, moldando ao espaço existente o material entregue e inserindo imagens, se necessário.

Agora, para que tudo isso aconteça, é preciso analisar também a **IMPREVISÍVEL ROTINA DE TRABALHO** dos jornalistas. Cada veículo tem um cronograma, mas essa sistemática pode ser alterada em poucos minutos. Imagine se você tivesse uma entrevista agendada para 11 de setembro de 2001, quando as torres gêmeas vieram abaixo em função de um ataque terrorista.

Diante de tudo isso, a **CAIXINHA DE SURPRESAS** que é a redação de um grande meio de comunicação deve, sim, aguçar a curiosidade de empresários que visam a aparecer na mídia. Afinal, conhecer bem essa dinâmica é o passo inicial para um **RELACIONAMENTO MAIS AFINADO** com a sua assessoria de imprensa e, conseqüentemente, para uma divulgação mais constante.

Quem é quem em uma grande redação

Existem diversos profissionais de jornalismo em uma redação, seja ela de jornal, revista, internet, rádio ou TV. Cada um tem funções e poderes próprios na estrutura de um meio de informação. Comecemos pelos **CARGOS** e **FUNÇÕES**.

O **EDITOR** é quem decide o que é notícia. Na hierarquia do jornalismo, não há cargo mais elevado. Ele julga a essência de uma informação para transformá-la ou não em notícia. Baseia-se em sua experiência, no interesse público, na importância de um fato e em sua rede de contatos para determinar o que apurar e divulgar.

É claro, a imprensa também é uma empresa que produz para venda e consumo. Por isso, o editor sabe que a notícia é uma *commodity* e busca constantemente novidades que reúnam exclusividade, importância, criatividade, correção, precisão e objetividade.

Já o **COLUNISTA** tem espaço e linguagem próprios. Privilegia informações exclusivas, o que lhe garante uma audiência cativa. Atualmente há na mídia colunistas diversos: social, de internet, político, cultural, econômico, de humor etc. Todos têm em comum caráter observador, análise aprofundada dos fatos, boa dose de confidência com o leitor e independência em relação à estrutura da redação.

O **PAUTEIRO** (ou chefe de reportagem) orienta os repórteres na apuração de informações e os ajuda na prospecção de temas com potencial para virar notícia. É o elo direto entre o editor (ou editores) e a reportagem. Trabalha nos bastidores e checa dezenas de dados antes de mandar um **REPÓRTER** para a rua. Este último coleta as informações, realiza as entrevistas e produz as matérias. É o jornalista que põe a mão na massa, que entra em contato com a área de comunicação da empresa. Sabe produzir notícia sem deixar a redação, usando muito o telefone.

Diversos perfis de repórteres

Sempre à caça de notícias, os jornalistas usam vários métodos para laçar entrevistados, fisgar novos fatos e farejar histórias que rendam uma boa reportagem. Sabendo **IDENTIFICAR O PERFIL** de quem está com a pauta na cabeça e a caneta na mão, é mais fácil ter as rédeas para que você conduza a entrevista.

O tipo mais comum é o **APRESSADO**. Com o prazo curto, ele tenta devorar o máximo de informação em pouco tempo. Facilmente confundido com o **METRALHADORA**, que dispara perguntas sem parar, esse profissional tende a ser superficial na reprodução dos fatos. Se algum desses personagens se misturar com o **DESPREPARADO**, você terá de dispor de uma boa dose de paciência.

Já o repórter **INVESTIGATIVO** apura reportagens como um detetive. Se ele fizer também o estilo **INTERPRETATIVO**, buscará a essência dos acontecimentos, distinguindo o fato consumado da interpretação. Dentro dessa categoria existem ainda os **SILENCIOSOS**, atentos a qualquer detalhe. Só tenha cuidado para não ser vítima de **DENUNCISTAS**, especialistas em lançar escândalos. Nesse caso, fique bastante atento, ainda mais se a entrevista for ao vivo. É bom arrumar sua mesa de trabalho, pois esse profissional costuma observar relatórios que pousam sobre pilhas de papéis.

Há também o **PROVOCADOR**. Com uma dose de sadismo, ele se regozija quando percebe uma fonte fragilmente preocupada com sua imagem. Nesse caso, aja com naturalidade, desviando a atenção das críticas. Ele é o oposto do **DIPLOMATA** e do **AMIGO DA CASA**. O primeiro conquista admiração para obter a informação que deseja, e o segundo gosta de construir uma boa agenda de relacionamento, com base na troca de favores – para dar espaço editorial, exige exclusividade e prioridade nas informações que recebe.

O que dizer então do **INTELECTUAL**, do **ESPECIALISTA** e da **ESTRELA**? Com egos inflados, gostam de se destacar diante do entrevistado. O pecado do especialista é não ter sensibilidade para uma visão mais global ou política sobre o tema. O intelectual é envolvente, mas deixa passar detalhes importantes tamanha é sua preocupação em esnobar conhecimento. Já a estrela é exigente e petulante, mas, quando depara com fontes importantes que não se submetem à sua doma, acaba dançando conforme a música.

Como trabalham os jornalistas

Se sua empresa deseja se tornar uma fonte de informações constante e confiável para a mídia, o primeiro passo é conhecer exatamente como trabalham os jornalistas. A vida desses profissionais exibe **PARTICULARIDADES** marcadas pela limitação de tempo, pela proximidade com o poder e pela busca incessante por novidades.

O desafio diário de todo jornalista é selecionar informações privilegiadas com um trabalho criterioso, no qual a criatividade tem papel preponderante. Quanto mais **ORIGINAL** e atraente for uma notícia, mais **VALIOSA** ela será.

Entretanto, o fator tempo é um grande obstáculo. Com a evolução tecnológica e o enxugamento constante das redações, os repórteres trabalham cada vez mais. Chegam a tocar até três pautas (reportagens) simultaneamente. O mais interessante é que o repórter não precisa estar bem informado, nem mesmo conhecer em profundidade qualquer tema em foco. Sabe perguntar e, em geral, tem acesso a boas fontes de informação – cultivadas por meio de contatos freqüentes com o objetivo de acumular conhecimentos. Outra característica importante é que raramente desistem de uma pauta. Possuem uma **PERSISTÊNCIA INCOMUM**. Sabem escutar, mas também questionar fatos e atitudes quando necessário.

IDEALISTAS, os repórteres consideram o jornalismo uma atividade de interesse público. Valorizam muito a profissão e adoram cultivar fontes privilegiadas. Algumas vezes, elegem personalidades ascendentes a postos influentes pela necessidade de se conectar ao poder. Só não admitem ser enganados, nem se sentir parte do jogo de poder.

Sempre curiosos, eles gostam quando alguém os procura para passar uma notícia boa. Isso não significa que terceiros possam interferir na busca da informação. A apuração e a produção da reportagem obedecem sempre a um compromisso com a **IMPARCIALIDADE**. Para eles, as fontes que exercem pressões ou oferecem informações partidárias, em nome de interesses particulares, são efêmeras.

Sobre o *off*

Graças a uma invenção americana, as melhores histórias do jornalismo brasileiro puderam ser levadas ao público. As informações em *off* – palavras que tem origem na expressão *off the record* – tornaram-se "uma mão na roda" para os repórteres, mas ao mesmo tempo essa prática passou a ser bastante **CÔMODA** para as fontes.

Pensando em prós e contras, o *off* pode ser uma importante ferramenta para uma empresa **DIALOGAR** com as mídias sobre o segmento em que atua. Grandes e pequenas empresas – sem exceção – costumam passar informação em que a fonte não é citada. Para que essa conduta seja eficaz, deve estar alicerçada numa relação direta de **CONFIANÇA** com os jornalistas. Por isso, nunca se fala em *off* com quem não se conhece. Mentiras e calúnias já foram publicadas e abalam a credibilidade jornalística.

Algumas publicações ocultam o *off* sob a expressão "apurou". Pode ser um *off* simples, obtido pelo jornalista e não cruzado com outras fontes independentes. Já no *off* checado, o jornalista verifica com o outro lado ou com pelo menos duas outras fontes a veracidade do fato. Existe e é respeitado o *off* total quando solicitado. A pedido da fonte, a informação não é publicada de modo algum, mesmo que se mantenha o anonimato do informante.

As primeiras aparições na imprensa foram um sucesso. E depois?

O fruto da parceria com uma assessoria de imprensa brotou muito rapidamente, com uma divulgação na grande imprensa ou em uma publicação segmentada muito cobiçada pela empresa. É o chamado **"MOMENTO MÁGICO"**, comparado ao início de um namoro ou à lua-de-mel. Mas como será quando a novidade fizer parte do passado e a rotina começar a rondar esse relacionamento?

Infelizmente, o bem-estar geral pode levar o trabalho de comunicação ralo abaixo. Caso não haja **PLANEJAMENTO ESTRATÉGICO** previamente estabelecido, com metas bem delineadas mês a mês, a magia não durará mais que alguns instantes. Não são raros os casos de companhias que, à luz dos primeiros resultados, acham que a assessoria por si só terá condições de emplacar notícias, não a informando continuamente das novidades.

Sua empresa tem a responsabilidade de auxiliar a assessoria, por meio de contatos diários e pelo menos uma reunião mensal, e descobrir o que pode virar notícia. **ABRINDO AS PORTAS** da companhia ao assessor, este tende a detectar possibilidades de matéria que você jamais imaginaria explorar. Uma indústria, por exemplo, pode não ter apenas divulgadas reportagens ligadas diretamente ao seu setor. Ela pode aparecer em matérias que falem sobre responsabilidade ambiental, capacitação profissional...

Favorecer a criação de uma **REDE DE RELACIONAMENTOS** é outra atribuição importante do empresário. Com esse respaldo, o assessor de imprensa não fica à espera de repórteres à caça de novidades. Ele mantém contato, estabelece um calendário de almoços e visitas às redações, oferece ajuda e planta informações "quentes" sobre o setor de atuação do cliente, direcionando-as exclusivamente a um jornalista-chave para seu trabalho. Dessa forma, sua presença na mídia ganhará força e qualidade e todos ficarão "felizes para sempre".

Assessor de imprensa não é santo milagreiro

Qual o **TRABALHO** de um assessor de imprensa? Esta pergunta é bem manjada, mas as **RESPOSTAS** ainda são **DESENCONTRADAS**, mesmo 36 anos depois do surgimento do primeiro trabalho profissional de consultoria de comunicação – prestado por Reginaldo Finotti e Alaor José Gomes para a Volkswagen.

Ainda hoje, há quem pense que o assessor de imprensa é um **SANTO MILAGREIRO**, capaz de conseguir uma capa da *Veja* ou destaque no *Jornal Nacional* em um estalar de dedos. Isso, claro, não é impossível, mas o passo inicial é **ENTENDER** como realmente atuam os assessores.

Em primeiro lugar, o assessor não trabalha como um prestador de serviço complacente e limitado a reproduzir o que o empresário julga conveniente falar. Na **QUALIDADE DE CONSULTOR**, ele tem a missão de discutir, idealmente com mais de um profissional da companhia, a pertinência de todas as informações a serem transmitidas à imprensa. É seu papel **ARGUMENTAR, CONTRA-ARGUMENTAR** e, se preciso, **RECOMENDAR** o veto à determinada divulgação.

Assessor nenhum **FUNCIONA SOZINHO**, explorando apenas sua agenda de telefones e seus bons amigos jornalistas. A participação do empresário é fundamental, mantendo contato constante com seu consultor e abrindo as portas para a imprensa.

Antes de mais nada, você precisa ter sua **IMAGEM BEM TRABALHADA** para então sua empresa aparecer. Se tem que almoçar com um jornalista, por exemplo, vá preparado para atendê-lo, mas sem a ânsia de estar no jornal do dia seguinte. Resultados vêm com o tempo.

A falta de um **RELACIONAMENTO CONSISTENTE** entre cliente e prestador de serviço só tende a levar ao fracasso da empresa, quando o assunto é comunicação com a mídia. Nessa área não tem espaço para milagres, mesmo que alguém prometa.

Assessoria de imprensa para a rede crescer

No fim dos anos 90, fomos chamados por uma organização internacional que havia tomado um **GRANDE TOMBO** no mercado brasileiro. A empresa não passava por nenhum escândalo financeiro, nem sofria de crise de qualidade em sua prestação de serviço. Ao contrário, estava no país havia um punhado de décadas e apresentava estrutura sólida, mas repentinamente tinha perdido 80% dos pontos-de-venda no Brasil.

Como? Ao romper com o *master* franqueado da marca no mercado local, este levou consigo a rede que ajudou a construir. De um dia para outro, mais de 40 lojas franqueadas abandonaram a bandeira internacional, **CRIANDO UMA CRISE** que fez o grupo mundial reavaliar a gestão e seu modelo de crescimento para a América Latina.

Ao nos procurar, **QUERIAM AJUDA** na criação de uma rede de cobertura nacional com operação própria, para atender à demanda fiel à bandeira. Com dinheiro, tudo é muito fácil. Não era o caso. Os gringos investiram o suficiente para recriar uma infra-estrutura mínima de *call center* e contratar um pequeno e seleto grupo de executivos.

Para levantar a corporação no país, a única ferramenta de marketing que autorizaram foi a contratação de assessoria de imprensa, com **UM ULTIMATO**: "Vocês têm dois anos para superar o número de lojas anteriores. Não temos verba para campanhas publicitárias nem de incentivo".

Nossa **PRIMEIRA AÇÃO** foi mapear onde a empresa tinha necessidade de reabrir lojas e encontrar novos franqueados. Todo o trabalho de crescimento foi calcado em notas plantadas na mídia – de cobertura nacional, regional ou local – à procura de franqueados. Estabelecemos um discurso simples – franquia internacional quer parceiros em diversas cidades brasileiras, com um **ACOMPANHAMENTO APURADO** dos espaços disponíveis na imprensa. Acionamos até programas de colunismo social veiculados na TV – muitos do Nordeste e do centro-sul do país – para despertar a atenção de potenciais investidores.

Sempre veiculando notícias positivas, conseguimos de norte a sul do país que os meios de comunicação se tornassem **PORTA-VOZES** da nova fase da empresa. No espaço de um ano e sete meses, a rede estava de pé com o exato número de lojas antes da crise.

Mas nossa integração às metas e à organização foi tamanha que passamos a fazer parte da história empresarial de nossos assessorados.

Problemas de gestão agravam as crises

A sua empresa não possui um departamento de comunicação? Deve haver uma justificativa bem fundamentada para essa posição. É justamente nessa área que ocorre a maioria dos erros quando emergências aparecem. Os executivos despreparados, ou mesmo perdidos, acabam dando margem a especulações e a omissões, e a **REPUTAÇÃO** de uma organização **VAI PARA O ESPAÇO**.

As crises são imprevistas e democráticas e atingem sem parcimônia de multinacionais e pequenas empresas a companhias privadas ou públicas. Elas são criadas por fatos inerentes à empresa ou originadas fora de sua estrutura. Defeitos de produtos, desastres ambientais, acidentes, crises de sucessão, falsificações, incêndios, mudanças inesperadas de mercado, concordatas são alguns exemplos de crises que, infelizmente, espreitam qualquer empresa.

Um levantamento realizado em 2005 pela empresa Imagem Corporativa sobre crises empresariais no Brasil, noticiadas pela imprensa, revelou que 65% das reportagens negativas de companhias referiam-se a **PROBLEMAS DE GESTÃO**, mau desempenho financeiro, questões ambientais, suspeitas de fraude, desvios e irregularidades. Defeitos e ressarcimentos de produtos e serviços e os *recalls* representaram 20%, propaganda enganosa, 7,6%, e demissões e fechamento de fábricas, 7,4%.

Porém, 43,6% das empresas mencionadas em situação negativa não conseguiram expor seus pontos de vista. Por quê? Provavelmente porque **NÃO ESTAVAM PREPARADAS**. Das que apresentaram argumentos – 51,2% –, pouco mais da metade o fez de forma convincente e 44% das empresas não esclareceram os problemas a elas atribuídos.

Como reagir a um boato

Não adianta se considerar livre de **BOATOS**. Cedo ou tarde, muitas empresas e serviços tornam-se **VÍTIMAS** de notícias infundadas – ainda mais na era da internet, com *e-mails* e *blogs* repercutindo informações sem qualquer checagem. Como começam, ninguém sabe, mas é fato que quantias consideráveis são investidas em campanhas publicitárias para reverter o impacto da boataria. Mas será esse o melhor caminho?

Nas companhias de capital aberto, alguns boatos atingem de modo imediato o preço das ações. Quando não se confirmam, raramente as conseqüências negativas chegam ao restante do negócio. Mas imagine a repercussão em pequenas e médias empresas. Neste caso, quanto mais **RÁPIDA A RESPOSTA**, menor o estrago.

Sendo o boato totalmente descabido, negue e **DEIXE CLARA** a posição da empresa. Se for possível, identifique a fonte da informação e abra um processo judicial por manipulação de mercado. Paralelamente, acione clientes, fornecedores e parceiros e informe com argumentos bem fundamentados a improcedência das notícias levianas.

Não se esqueça de averiguar como **VAZOU A INFORMAÇÃO**. Se escapou, é porque alguém deixou, está ganhando dinheiro ou levando outras vantagens. Pode ser uma pessoa da própria companhia ou das partes interessadas. A empresa é de certa forma responsável por esse controle e deve empreender todo o esforço necessário para identificar e punir o responsável.

Por outro lado, o **RUMOR** pode ser verdadeiro. A empresa pode estar negociando uma compra, venda ou parceria relevante. É compreensível que não se queira comentar sobre o assunto. Em uma situação como esta, adote a postura de **NUNCA COMENTAR BOATOS**. E lembre-se: negar todos os detalhes e não falar sobre o cerne do boato é o mesmo que admiti-lo.

Com o auxílio de sua consultoria de comunicação, você pode amenizar ainda mais a repercussão do caso ao **DIVULGAR UM COMUNICADO** à mídia, com uma postura firme (sem precisar ser agressiva), informações bem fundamentadas e em consonância com o mercado. Afinal, **TRANSPARÊNCIA** não reverte só imagens ruins. É a garantia de um prejuízo bem menor.

Quanto custa um escândalo?

Qualquer negócio ou país está sujeito a passar por dificuldades ou situações complicadas. O **TAMANHO DO ESTRAGO** depende muito da atitude imediata do líder diante dos abalos.

Você tem idéia de **QUANTO CUSTA UM ESCÂNDALO** para a vida de uma corporação? O que fazer quando a imagem da empresa – ou a sua – é atingida? A história brasileira recente está repleta de bons e maus exemplos de gestão de crise, em que a credibilidade de muitas organizações foi colocada à prova diante da opinião pública.

As grandes crises são **DIVISORES DE ÁGUAS** e a forma de administrá-las – uma receita que requer boas doses de bom senso e profissionalismo – define a trajetória do empresário e cidadão a partir de então. Quem tem a infelicidade de viver um processo desses deve convencer-se de que **SUA VIDA IRÁ MUDAR** para sempre.

Por isso, cabe aqui a indicação de leitura de: *A Era do Escândalo*, de Mario Rosa. Os relatos apresentados **SÃO UMA LUZ** e fundamentais para todos os empresários que zelam por suas marcas. É um autêntico manual de como preservar a imagem e a reputação arduamente construídas diante de abalos com grande repercussão na mídia.

Más notícias líderes do mundo corporativo

Em 2001, os ataques terroristas ganharam manchetes em todo o mundo. No ano seguinte, o destaque da imprensa brasileira foi para o dólar batendo a casa dos R$ 4 e para a vitória de Lula. Em 2003, a cobertura da mídia internacional foi dedicada à invasão do Iraque.

2004 foi o ano das Olimpíadas, mas também dos **ATENTADOS** em Madri e em Beslan, além da reeleição de George Bush. Por sua vez, 2005 começou sob o impacto das imagens do *tsunami* no Oceano Índico, seguido de outros **CATACLISMAS**, como furacões nos Estados Unidos e terremoto no Paquistão. A mídia destacou milhares de mortos, milhões de desabrigados e bilhões de dólares em prejuízos. No Brasil, mensalão, caixa 2 e **ESCÂNDALOS** na alta cúpula do PT. A imprensa também acompanhou à exaustão a **MORTE** do papa João Paulo II.

O que dizer de 2006? Recrudescimento dos **CONFLITOS** no Oriente Médio, com bombardeio de Beirute, guerra civil no Iraque e o Irã desafiando as potências ocidentais. No âmbito interno, mais um ano de **CRESCIMENTO ECONÔMICO** vegetativo, a colisão do jato da Gol com um Legacy e o **BANDITISMO** exibiu sua força em São Paulo e Rio de Janeiro, gerando medo e desestabilizando a sociedade civil.

Esta retrospectiva é para mostrar que, se montarmos uma **ESTATÍSTICA** sobre a cobertura da mídia sobre o mundo corporativo, ela revelará outras espécies de turbulência. Crimes de natureza legal e trabalhista lideram as **NOTÍCIAS DE CRISE** no ambiente empresarial. Depois dos **CRIMES DE COLARINHO BRANCO**, a cobertura se concentra em problemas de má gestão empresarial e ações trabalhistas, seguidos por desastres industriais e falhas em equipamentos e construções.

Com mais ou menos precisão, pode-se dizer ainda que o **MELHOR MOMENTO** para lidar com essas dificuldades é antes que as crises eclodam. A palavra-chave do gerenciamento de crise chama-se **PREVENÇÃO**. Via de regra, as crises paralisam o mais alto nível gerencial das organizações. Adotar uma atitude preventiva significa, na prática, mapear as dificuldades e definir soluções com a **CABEÇA FRIA**.

Nos momentos de turbulência é **HORA DE REAGIR** e não de planejar. Planejamento se faz em tempos de normalidade e não no olho do furacão.

Como proceder em tragédias

1. A operação **NÃO PODE PARAR**. Se parar, perde o controle, o que pode aumentar a gravidade do problema.
2. Se houver vítimas, toda a **ATENÇÃO AOS FAMILIARES** deve ser imediatamente providenciada: serviço de informação, hospedagem, transporte, serviço funerário, preparação de velório, enterro etc.
3. Mostrar-se **INTERESSADO ÀS AUTORIDADES** e iniciar, o mais rápido possível, as investigações sobre as causas do acidente.
4. Somente informe à opinião pública o nome das vítimas depois de **COMUNICAR AOS FAMILIARES**.
5. **NÃO FAÇA ESPECULAÇÕES**, seja totalmente transparente e informe à imprensa somente o que já estiver comprovado. Adote uma comunicação permanente, com boletins e coletivas. Fale antes à mídia.
6. **FACILITE O TRABALHO DA IMPRENSA**, mas não ponha em risco a integridade física das equipes de jornalismo.
7. Se uma **VERSÃO FANTASIOSA** da história for ao noticiário, desminta de forma severa.
8. Coloque seu Comitê de Gerenciamento de Crise **PARA AGIR**.
9. **NÃO PERMITA** que funcionários sem domínio emocional atendam ao público.
10. **INVISTA** em gráficos, fotos e computação gráfica para dar explicações didáticas – a chance de mal-entendidos com a imprensa diminui.
11. Mostre pesar com falas e atitudes. Mesmo que a culpa da tragédia não seja da organização, entenda que ela **PODE SER ACUSADA**.
12. Mantenha o público interno **MAIS INFORMADO DO QUE NUNCA**. É um público decisivo e pode atingir pessoas de fora da organização.
13. **RETIRE DO AR** toda publicidade prevista para os dias seguintes à tragédia.
14. Se a organização lida com risco de contaminação ou danos ao meio ambiente, **MANTENHA LAÇOS** com a comunidade, ONGs e instituições de credibilidade.
15. **ENTRE EM CONTATO** com seus clientes e acione seus fornecedores, para não se preocuparem.
16. Contate seus acionistas, parceiros de negócios e públicos estratégicos **PREOCUPADOS COM O IMPACTO** no valor do investimento.
17. Entre em contato com agências governamentais que **REGULAM SUA ORGANIZAÇÃO,** principalmente se houver obstáculos na entrega de serviços ou produtos.
18. **ACIONE** sua companhia de seguros!

Chame um advogado experiente

Em emergências, disputas públicas ou em crises que abalam a reputação empresarial, as companhias organizadas convocam seu comitê de contingência, que reúne os melhores executivos e especialistas da corporação. Nessas situações ou nesse comitê há sempre uma figura essencial e importante: **UM ADVOGADO EXPERIENTE**.

Antes de se tornar pública, toda e qualquer iniciativa, ação ou resposta elaborada pela assessoria de comunicação e diretoria passa pelo crivo de um gabaritado profissional de Direito. Ele conhece em profundidade a legislação em vigor e suas implicações, os pontos fracos e fortes de seu cliente e **AS PRÁTICAS MAIS USUAIS DE DEFESA**. Trata-se de um profissional preparado para embates.

Porém, mesmo com o dom da oratória, os advogados só falam abertamente à imprensa em casos criminais, que envolvam a pessoa física de seu cliente. No mundo empresarial, é **RESPONSABILIDADE DO PRESIDENTE** da companhia desempenhar o papel de porta-voz.

Em outra esfera, os advogados falam abertamente e representam fontes naturais e confiáveis de informação para a mídia. Muitos escritórios de advocacia são por si só **AGENTES DE FATOS NOTICIOSOS**. Basta abrir qualquer publicação. Estão presentes muito além das páginas policiais e criminais. Abordam questões tributárias e fiscais, imobiliárias, de economia popular, de relações de trabalho, da vida em sociedade. Podem dar entrevistas sobre qualquer coisa.

Apesar das limitações impostas pela OAB, as principais bancas de Direito do país fundamentam a promoção massiva na mídia por meio de assessorias de imprensa – terceirizadas ou não. Foi em busca de novos clientes e negócios que os escritórios especializados na área tributária montaram e fizeram escola com um bem estruturado plano de **MARKETING JURÍDICO** a partir dos anos 90.

Esses escritórios marcam presença na mídia ao apresentar pontos de vista diante de alguma demanda da imprensa, divulgando casos, estudos e pesquisas e escrevendo artigos para os meios de comunicação. Consideram ações do gênero tão **IMPORTANTES E VITAIS**, que alguns escritórios nascem com assessores de imprensa contratados.

Não confie no bom senso em momentos de crise

O VÔO ESTÁ CANCELADO. Às 4 horas da madrugada, o aviso ecoou como um grande pesadelo. No balcão da companhia aérea, **EM VEZ DE INFORMAÇÕES**, um vale para um café da manhã. Só às 9 horas os passageiros foram, finalmente, encaminhados para hotéis precários, com retorno ao aeroporto às 13 horas.

Nova fila, novo *check-in* e novo despacho de bagagem, mas o avião só acabou decolando às 17 horas. Ao invés de chegar em Congonhas às 8h30, a aeronave pousou às 22 horas em Guarulhos, com **TODOS OS PASSAGEIROS INDIGNADOS**.

Casos como esses revelam a **FALTA DE HABILIDADE DE EMPRESAS** em gerenciar tempestades. No referido episódio, a impressão de todos era a de que os funcionários foram treinados para iludir clientes durante todo o processo de crise. Lembre-se: problemas são inevitáveis. Nestas horas, **É PRECISO** ter uma pessoa para decidir exatamente como a informação adequada chegará à audiência.

O excesso de informação pode ser tão perturbador como a total ausência dela. Os dados certos, no momento certo, transmitidos pela pessoa certa são o melhor **ANTÍDOTO CONTRA CRISES**. Mas é preciso compreender que turbulências são comuns e acontecem sempre nas horas mais impróprias – fins de semana, madrugadas, feriados prolongados etc. E nesses momentos, quase sempre, a administração tem que ser **IMPROVISADA**.

Gerenciada por **PESSOAS INCOMPETENTES E DESPREPARADAS**, a crise aumenta e torna-se incontrolável. E sua repercussão pode conquistar a mídia e exigir milhões de reais em inúteis explicações. Não confie no **BOM SENSO** de seus colaboradores. É um enorme risco. Pare, pense seriamente e liste todos os eventuais problemas e deficiências de suas operações, além de elaborar um plano de contingência para emergências e crises.

Lembre-se que nesses **MAUS MOMENTOS** todos estão de cabeça quente, sob enorme pressão e o bom senso acaba em segundos. Prepare-se. Pense no impensável, no absurdo e no impossível, pois acredite, isto tudo acontece. Conseqüentemente, você terá **CLIENTES MENOS INSATISFEITOS**.

Cliente reclamou. E agora?

Imagine-se nesta situação. Você abre o jornal, revista ou acessa a internet e a **RECLAMAÇÃO DE UM CLIENTE** está lá. O que fazer? Processar, entrar com uma ação de indenização?

Esta é a **TÍPICA PERGUNTA** de empresas que, em algum momento, se sentiram **PREJUDICADAS** por alguma publicação negativa estimulada pelo consumidor. Todos os cidadãos brasileiros têm o direito de ingressar com uma ação ao entenderem que foram lesados. É uma prática garantida pela Constituição Federal Brasileira, portanto não há restrição a essa possibilidade.

Mas é importante estar atento a algumas condições antes de tomar qualquer atitude na esfera judicial. O **SIMPLES FATO** de um consumidor ou cliente reclamar de um produto ou serviço na mídia, por si só, não assegura o **DIREITO** de o empresário mover uma ação indenizatória.

Para gerar resultado nos tribunais, a publicação deve ser ofensiva e/ou **INFUNDADA** e ocasionar um **DANO MORAL** ou **MATERIAL** à empresa. Desta forma, o fornecedor tem plenas chances de ganhar a causa. A partir do momento que a reclamação for **IRREAL** ou inexistente e se tornou pública, a companhia pode ter sucesso ao acionar a Justiça.

Agora, é preciso compreender o outro lado da história. Se os fatos divulgados forem **VERDADEIROS**, com informações que provem que **A EMPRESA ERROU** e realmente prejudicou o cliente, o fornecedor tem **MÍNIMAS POSSIBILIDADES DE SE DEFENDER**. A melhor alternativa obrigatoriamente passa pela **TRANSPARÊNCIA**. Assuma a responsabilidade e garanta o respaldo necessário ao reclamante.

Isto faz parte do relacionamento entre empresas e seus clientes. O **JOGO DE CINTURA** e a **TRANQÜILIDADE** são essenciais para amenizar a repercussão de uma divulgação negativa.

Reclamações, queixas, denúncias...

É raro termos um dia tranqüilo de trabalho, mas às vezes isso ocorre. Em geral, o dia menos estressante são as sextas-feiras. Aquela seguia a regra até as 17 horas. Despachei com a equipe, chequei pendências, editei textos e tinha uma única atividade externa: acompanhar uma **VISITA DE ROTINA** a um cliente. Ou melhor, a um dos 16 condomínios empresariais administrados por ele.

Como de praxe, deliberamos com a gerente da unidade pautas e textos pendentes e retornamos ao escritório com a sensação de missão cumprida. Porém, momentos mais tarde, um *e-mail* do vice-presidente do grupo movimentaria nosso fim de tarde e toda a segunda-feira. A produção do programa *Boca no Trombone*, espaço dedicado a reclamações e denúncias na Rádio Bandeirantes, **SOLICITAVA ESCLARECIMENTO** sobre um episódio ocorrido no empreendimento que acabáramos de visitar.

QUEIXAS, RECLAMAÇÕES E DENÚNCIAS enviadas por consumidores à imprensa têm um peso enorme. Elas funcionam como verdadeiras bombas-relógio. Se não forem desarmadas a tempo, **DETONAM A IMAGEM** de uma empresa – muitas vezes injustamente –, que ela levou anos para construir com a ajuda de profissionais sérios.

Nesse caso, aparentemente o motivo do reclamante era mais do que justo. O locatário flagrou um funcionário da empresa de segurança condominial roubando objetos em sua sala comercial. Denunciava ainda a demora em ser ressarcido (o valor reclamado era baixo) e queixava-se do **DESCASO E DA INTEMPERANÇA** da gerente em questão, sempre muito atenciosa conosco.

O impacto da queixa e o alvoroço de vários executivos copiados na mensagem esvaziaram-se após apurarmos os fatos. A **FORMULAÇÃO DA RESPOSTA** foi simples. Apesar de reiteradas solicitações do condomínio, o reclamante demorou meses para formalizar o roubo em um Boletim de Ocorrência. Nunca forneceu as notas fiscais para obter o reembolso pleiteado. Descobrimos ainda que ele estava com as taxas condominiais em atraso.

Devidamente no prazo, bem escrita e fundamentada pela assessoria, a carta só foi encaminhada à produção da emissora depois de passar pelo crivo e pela revisão de vários executivos e advogados da administradora. Esse **ZELO** ocupou o responsável pelo atendimento do cliente todo o dia.

Na terça-feira veio a boa notícia. Diante dos fatos, a emissora desistiu de levar adiante a reclamação.

Afinal, o que é notícia? (I)

Pode-se afirmar que notícia é tudo aquilo que interessa ou pode interessar a alguém. Mas como definir, entre enxurradas diárias de informações, o que entra naquela página do jornal, matéria de revista ou em alguns minutos na TV? Essa seleção é tarefa dos editores, jornalistas responsáveis por escolher e hierarquizar o que pode ter mais **UTILIDADE OU INFLUÊNCIA** para o público de seu veículo.

E, em meio a tudo isso, como entra a sua empresa? Os editores, tradicionalmente, baseiam-se em alguns pontos. O **INEDITISMO** de um acontecimento ou fato costuma ser bastante valorizado. O que é novo é, portanto, notícia. Também é necessário haver **CONFIANÇA NA FONTE**, fundamental para garantir credibilidade à notícia e, conseqüentemente, publicá-la.

Outro ponto sempre ressaltado por jornalistas é a **FACILIDADE EM SE OBTER MAIS INFORMAÇÕES** sobre o assunto que pretende publicar. É consenso que a internet torna essa missão mais fácil, mas uma **RELAÇÃO ESTREITA** com porta-vozes e assessores deixa o caminho ainda mais curto. As redações também recebem cartas e *e-mails* dos leitores, e buscam priorizar os assuntos em que seu público mostra interesse e evitar os que geram muitas queixas.

As companhias, muitas vezes, não têm tempo, profissionais específicos ou com formação especializada ou mesmo relacionamento estreito com a imprensa. Têm, portanto, dificuldade em aparecer na imprensa. É preciso formar porta-vozes, conquistar credibilidade e **GERAR ATENÇÃO DO PÚBLICO**. Só assim, quando aquele editor decidir o que entrará naquele espaço, sua empresa será notícia.

Afinal, o que é notícia? (II)

Todo mundo sabe que notícia ruim é amplamente divulgada pela mídia. Mas, para quem quer ser notícia e preferencialmente positiva, o primeiro passo é saber o que isso significa. Notícia é toda **INFORMAÇÃO** que desperte interesse público e represente um **FATO NOVO**.

No entanto, é preciso fazer uma distinção entre notícia e reportagem – conceitos freqüentemente confundidos. A reportagem é um texto planejado, aprofundado, sobre um ou mais assuntos, não necessariamente novidades. A notícia é um registro dos acontecimentos, livre de julgamentos e opiniões pessoais. Diversos fatores mobilizam a imprensa a registrar um fato. Um dos mais importantes é o **INEDITISMO**.

É interessante observar que, nos últimos anos, a imprensa está cada vez mais diversificada e especializada, criando editorias variadas, suplementos diversos, cadernos especiais e veiculando informações segmentadas. O caminho para ser notícia nessas publicações é atrair o interesse de editores e repórteres. Com facilidade, uma **ASSESSORIA DE IMPRENSA** detecta nas empresas clientes os fatos que podem se transformar em notícia a ser veiculada a algum público específico ou não.

Para isso, esse profissional deve ter uma visão estratégica de mídia e **CRIATIVIDADE** suficiente para detectar potencial noticioso em fatos que, à primeira vista, não parecem interessar ao público. Ou ainda buscar encaixar um mesmo assunto em editorias, veículos e mídias diferentes, como jornal, revista, rádio, televisão e *site*.

Quanto mais o assessor conhece seu cliente, melhor. Com **TEMPO E CONVIVÊNCIA**, o profissional da comunicação terá mais facilidade para saber e produzir notícias sobre o cliente, trabalhando para mantê-lo sempre na mídia.

Por que não apareço no *Jornal Nacional*?

Todo executivo quer ver sua empresa em uma matéria no telejornal de maior audiência do país. Levando em conta a concorrência acirrada e um horário nobre que chega a atingir 60 milhões de pessoas, é muito provável que essa aparição propicie uma **REPERCUSSÃO** imediata e significativa para seus negócios. No dia-a-dia dos assessores de imprensa, a pergunta é recorrente também no caso de *Veja, Época, IstoÉ, Exame, Caras* ou CBN – só para citar mais alguns exemplos que apresentam uma qualificada e abrangente circulação.

Mas então por que você e sua empresa não conquistam esse espaço? Antes de enxergar uma possível ineficiência de sua assessoria de imprensa, é preciso entender que estar em um desses veículos exige uma razão concreta, um fato de **ABSOLUTA RELEVÂNCIA**.

Geralmente, a mídia só costuma ceder espaço para quem tem algo importantíssimo a comunicar. Notícias de interesse público, preferencialmente **INÉDITAS E EXCLUSIVAS**. Anúncio de investimentos, expansão dos negócios, projeções de crescimento, lançamento de produtos, parcerias comerciais, descoberta de novas tecnologias, programas sociais, incentivos à cultura e contratações são assuntos que normalmente interessam aos jornalistas.

A imprensa acaba priorizando o **FACTUAL**. Os acontecimentos mais emergentes nos cenários nacional e internacional saem na frente, e os demais temas disputam o restante do espaço. Ganha a batalha quem apresentar a pauta com dados até então desconhecidos no mercado ou uma novidade que irá beneficiar um grande número de pessoas.

A notícia reúne todos os requisitos necessários para despertar interesse. Missão cumprida, então? Não. De nada adianta um fato atraente se a imagem da companhia e de seu porta-voz não refletir o mínimo de **SERIEDADE**, transparência e cordialidade. Ponto negativo, por exemplo, para o empresário que detona a concorrência. Sem esses preceitos, só existe um caminho para estar na grande imprensa: comprar um espaço publicitário.

O segredo das Páginas Amarelas de *Veja*

Você já se perguntou o que fazer para aparecer nas Páginas Amarelas de *Veja*? Espaço **NOBRE** da imprensa nacional, essa seção atinge milhões de leitores, entre eles famosos e formadores de opinião. Não é para menos que toda empresa tem o desejo de se ver neste espaço. Mas isto não é algo fácil de acontecer, e uma **ATUAÇÃO INCISIVA** da assessoria de imprensa com certeza pode estimular o interesse da revista.

Primeiro, a *Veja* tem critérios para eleger quem e o que é notícia. É preciso ter **PROJEÇÃO NACIONAL**, de acordo com os assuntos que estão sendo discutidos no país. Por exemplo, se a economia está no centro das atenções, um presidente de uma multinacional apto a falar sobre os investimentos nacionais é um entrevistado em potencial.

Entretanto, em um espaço privilegiado como as Páginas Amarelas, os critérios do que é notícia são mais rigorosos. Além dos requisitos já citados, é preciso ser original e estar **EM DESTAQUE**. Ou seja, executivo e empresa precisam sobressair perante as demais. A *Veja*, assim como as outras revistas semanais, busca **DECLARAÇÕES AFIRMATIVAS**, fortes, objetivas e, se possível, **POLÊMICAS**.

Vale lembrar que o êxito da divulgação depende da **CONSISTÊNCIA** do discurso e da confiabilidade do exemplo a dar. De nada adianta um discurso vaidoso frente a instituições de desempenho medíocre. Assim como o contrário – empresa competente e dirigente medíocre – também não traz bons resultados com a imprensa. Somente o equilíbrio entre ambos é capaz de chamar a atenção da mídia. Para isso, você e seu **ASSESSOR** precisam trabalhar juntos em busca de um desempenho eficaz e capaz de construir uma imagem positiva para a opinião pública.

Notícias quentes e frias

Ninguém quer abrir o jornal e deparar com uma **NOTÍCIA ANTIGA**, que já foi amplamente divulgada e não traz nenhum dado novo, correto? Nesse mundo onde somos bombardeados com informações o tempo todo, nos sentimos obrigados a nos manter atualizados constantemente.

Nesse contexto, o que é que chama mais atenção na mídia? São as novidades, os fatos inéditos. A isso dá-se o nome de notícia **"QUENTE"**, no jargão jornalístico, em oposição às "**FRIAS"**, aquelas que são atemporais. Porém, existe muito espaço para matérias frias na mídia. São elas que garantem diversidade de informação ao leitor. Reportam a fatos igualmente interessantes, trazendo reflexão ou abordando algum assunto de maneira mais aprofundada.

É aí que sua empresa pode entrar, aproveitando esse **ESPAÇO DISPONÍVEL**. Por que não elaborar, junto com sua assessoria de imprensa ou com seu departamento de comunicação, sugestões de pauta para determinados veículos que abordem temas diversos relacionados à sua companhia?

ASSUNTOS ATEMPORAIS podem ser desenvolvidos em períodos de calmaria nas publicações. Você pode inclusive se tornar uma fonte permanente em sua área, caso saiba trabalhar bem essas notícias frias. Mas é preciso paciência.

Se for consultado para alguma matéria fria, não espere a publicação imediata. A reportagem pode ser **"ENGAVETADA"** durante um tempo, pois notícias urgentes sempre surgem para tomar espaços no noticiário. O importante é estar sempre disponível para atender os profissionais da mídia e facilitar o trabalho do jornalista, tornando-se uma fonte útil e confiável.

Como descobrir notícias em sua empresa

A conquista de espaço editorial nas concorridas páginas dos jornais exige um trabalho de garimpo em meio ao universo da empresa. Descobrir fatos **NOTICIOSOS** nas rotinas da companhia é uma missão da assessoria de imprensa. Buscar a melhor forma de abordá-los também é.

Muitas vezes, uma **PRÁTICA HABITUAL** no dia-a-dia da companhia pode virar notícia. Uma função inovadora entre os postos de trabalho, uma forma diferenciada de gerenciamento dos recursos financeiros ou mesmo uma decoração exuberante podem ser um conteúdo editorial.

Essa minuciosa coleta de informações será possível por meio de um **RELACIONAMENTO** estreito entre assessoria e assessorado. Cabe também aos assessores de imprensa, a função de pensar como um repórter ao abordar seu cliente.

Além da divulgação de novos produtos e serviços da companhia, a assessoria de imprensa deve estimular a promoção e manutenção da imagem do cliente. Isso garantirá uma **EXPOSIÇÃO PERMANENTE**, sem depender apenas dos grandes movimentos da companhia no mundo corporativo.

Uma veiculação sistemática, com base nesses detalhes garimpados internamente, garantirá a fixação da marca e do nome da empresa. Ela facilitará o trabalho da própria assessoria de imprensa, pois quanto mais os holofotes vão sobre a companhia na mídia, mais ela tende a atrair a atenção dos jornalistas.

Comunicar, persistir e conquistar

Não há dúvidas de que quando assessor e cliente **PENSAM DE FORMA UNIFORME**, o trabalho ganha consistência, as divulgações ganham corpo e o sucesso não demora a chegar. Mas é importante saber que o relacionamento **PROATIVO** só é conquistado com o tempo e ambas as partes – assessor e você – devem contribuir para uma comunicação eficaz.

Vale lembrar a atual realidade das redações de jornais e revistas, cada dia mais enxutas, sem tempo nem equipe suficientes para apurar fatos, fazer reportagens especiais e sair à caça de novidades nos mais diversos setores da sociedade. É nessa hora que seu assessor deve atuar como **UM VERDADEIRO REPÓRTER**, fuçando e encontrando tudo o que puder ser notícia dentro da empresa.

Como empresário ou executivo, o primeiro passo deve ser seu. Se você comanda uma agência de turismo e seu consultor de imprensa quer saber sobre um programa de incentivo a estagiários, não se incomode. Pelo contrário, **ABRA AS PORTAS** da companhia para que ele descubra fatos noticiosos, que não se limitem ao campo de atuação da empresa. Sua chance de aparecer mais e melhor na mídia cresce consideravelmente.

Essa relação de confiança é imprescindível. O assessorado deve **ENTENDER AS DIRETRIZES** tomadas para o **PROCESSO DE COMUNICAÇÃO** e assimilá-las. Não pode achar que basta sair divulgando tudo e a receptividade será ampla. Ao mesmo tempo, você pode figurar na imprensa falando sobre sua área de especialidade e também em matérias sobre gerenciamento financeiro, uma ação inovadora de recursos humanos... Nada mais positivo para sua imagem!

Com esses detalhes bem claros, **É CERTO** que, em um determinado prazo, os **CONTATOS SE TORNAM NATURAIS**. E assessor e empresário são titulares absolutos no time das pautas jornalísticas.

Quando a empresa não quer falar

Não quis conceder a entrevista e a empresa mergulhou em uma crise. E agora? Já parou para pensar que a opção de não **ATENDER** à imprensa pode ser extremamente **PREJUDICIAL**? Então reflita, porque ao invés de recusar uma declaração a veículos de comunicação, atendê-los pode ser muito menos danoso para a imagem da sua empresa.

Para se tornar uma **FONTE** confiável, esteja pronto para variadas situações, inclusive as negativas. O que está em questão é a credibilidade e esta só pode ser conquistada com assertividade e coerência nos depoimentos. **IMPORTANTE**: não dar o retorno ao jornalista é um erro **CRUCIAL**. Se isso acontecer, ele vai se sentir no direito de publicar a matéria e destacar que a empresa foi procurada, mas não quis se pronunciar sobre o assunto.

É muito comum ainda sentir uma certa **INSEGURANÇA** ao ser procurado pela imprensa. Mas é preciso estar **ATENTO** e **DISPOSTO**. Em diversos casos, uma entrevista perdida poderia ser a **OPORTUNIDADE** de a empresa expor uma declaração positiva e revelar a transparência de seus negócios.

Essa é a chave para adquirir a **CONFIANÇA** da mídia. Ao assimilar os benefícios dessa idéia, o primeiro passo é eleger um comitê de porta-vozes. Independentemente de a empresa estar em um momento de crise ou não, é imprescindível selecionar alguém que tenha total **DOMÍNIO** e controle sobre o tema. Se a crise for ligada a um assunto técnico, que a palavra oficial seja de um diretor técnico.

E tem mais. Seja habilidoso para manter a firmeza ao estar sob forte pressão e a **POSTURA** em momentos delicados. Você dará um **SUPORTE CONSISTENTE** à mídia mesmo se o tema não for bem-vindo. Só falar na hora dos louros e do êxito nos negócios é fácil! Aliás, você ainda acha que vai ser procurado para contar sua bonança se não é capaz de enfrentar as tempestades?

Para fazer um artigo de primeira linha

Escrever um artigo é fácil e todo mundo está apto a fazer. O segredo não é talento, mas **DEDICAÇÃO, PERSISTÊNCIA** e respeitar algumas **REGRAS SIMPLES**. Em tese, cada escritor tem suas próprias técnicas, mas aí vão algumas dicas que podem lhe ajudar:

1 – Saber para quem está escrevendo. Ter uma imagem do leitor ajuda a lembrar que não dá para escrever para todo mundo no mesmo artigo. Você precisa determinar seu **PÚBLICO-ALVO** e, se necessário, escrever diferentes artigos para seus vários leitores.

2 – Não queira escrever para **SATISFAZER SEU EGO** e mostrar aos leitores seu grau de **INTELIGÊNCIA**. O objetivo de quem redige um artigo é deixar o leitor tão **INFORMADO** quanto você. O objetivo é **MOSTRAR** a alguém uma nova idéia, não convencer alguém da sua inteligência.

3 – Você tem que **RELER** e **REESCREVER** o artigo quantas vezes puder. A cada leitura seguem novas idéias e o texto vai se **APERFEIÇOANDO**. Os artigos nascem muito mais da **TRANSPIRAÇÃO** do autor e podem surgir de idéias coletadas em livros, de jornais ou de **DECLARAÇÕES INFELIZES** de políticos e personalidades.

4 – **REPETIR IDÉIAS**. Não se esqueça que informação é **REDUNDÂNCIA.** Primeiro escreva de uma forma, em seguida coloque a informação de uma maneira diferente. Isto é válido para quem não entendeu na primeira vez, e a segunda explicação acaba **VALIDANDO** a idéia apresentada.

5 – Se você quer convencer alguém de alguma coisa, o melhor é induzi-lo à **CONCLUSÃO** sozinho. O segredo é colocar os dados, **FORMULAR A PERGUNTA** que o leitor deve responder, dar argumentos importantes e parar por aí. Se o leitor for esperto, ele já dará o passo seguinte e se sentirá um **GÊNIO**.

6 – **PODER DE SÍNTESE**. Os grandes jornais exigem que os artigos tenham em média 2.500 caracteres, no máximo 3 mil. Para facilitar, **TREINE** escrever o texto completo. Em seguida, diminua-o sem perder conteúdo, com frases mais curtas, formas mais econômicas e tirando o que for desnecessário. Assim, aprendemos a ser mais **CONCISOS, DIRETOS**. Depois você enxuga ainda mais, sendo obrigado a suprimir alguns dados e focar apenas o essencial.

Pequenas pautas de todos os dias

Está esperando os grandes acontecimentos da empresa para aparecer na mídia? Saiba que as **NOTÍCIAS PODEM ESTAR BEM À SUA FRENTE**. Fatos, números, trajetórias de colaboradores... Boa parte das pequenas pautas do dia-a-dia é, sim, passível de divulgação para a imprensa.

O primeiro passo consiste em abrir a empresa ao seu assessor de imprensa. Faça dele um **CONFIDENTE** e o municie de informações. Dê respaldo para que ele possa obter o **MÁXIMO DE DETALHES** sobre você e as atividades da companhia.

Se a empresa tem algum programa de preservação ambiental, divulgue-o. O mundo está voltado para essa questão. As **POLÍTICAS DE INCENTIVO PROFISSIONAL** também são bem-vindas. Seu quadro de funcionários é composto por muitos jovens? Mostre que sua companhia é moderna e acredita na capacidade e no comprometimento dos novos talentos. Caso haja um colaborador galgando espaços na corporação – alguém que começou como *motoboy* e se tornou um gerente –, está aí um sucesso quase certo na mídia.

O assessor é capaz de enxergar notícias até nas horas de lazer dos clientes. Isto mesmo. Atualmente, falar de conciliação entre vida pessoal e profissional virou prato cheio para as redações.

Há pouco tempo ocorreu um **CASO EMBLEMÁTICO**. Uma consultoria foi procurada por uma destacada revista de negócios para uma matéria sobre o panorama do setor alimentício. Sem nenhuma experiência ou cliente nessa área, a chance de refutar o pedido seria grande.

Mas não. O porta-voz foi à **CAÇA DE INFORMAÇÕES**, **PESQUISOU** na internet e entendeu que a revista precisava de alguém especializado em gestão, não em alimentos. Intermediada a entrevista, a reportagem foi elogiada. Dias depois, uma grande indústria do segmento procurou a consultoria para marcar uma reunião. O contrato não foi fechado, mas se construiu um **BELO *NETWORK***.

Está vendo como **NOTÍCIAS PIPOCAM** de onde menos se espera e sempre encontram seu nicho? Com publicações especializadas nos mais variados setores, uma mudança estrutural da empresa pode não interessar à *Folha de S. Paulo*, mas cai perfeitamente no colo de uma revista de administração ou recursos humanos.

Sua empresa em meio a grandes eventos

Dezenas de feiras são realizadas semanalmente nas grandes cidades do país. Muitas são tão específicas que só interessam aos veículos ligados ao segmento, despertando de modo geral pouca atenção dos telejornais e da grande mídia. Apesar dessa realidade, as empresas que expõem produtos e serviços em grandes eventos podem obter bons frutos com a **DIVULGAÇÃO ANTECIPADA** de seus lançamentos e ações programadas.

Os profissionais da assessoria de imprensa têm o papel fundamental de promover a empresa em uma exposição e gerar visitação ao estande. Como conhecem a rotina das redações, eles sabem explorar certas **OPORTUNIDADES** da cobertura jornalística, pois muitas vezes uma exposição não atrai a imprensa por si só.

A presença de autoridades do governo, empresários de renome ou mesmo uma palestra de um grande consultor são sempre chamarizes para a mídia. Nesses momentos, graças também a um trabalho prévio de divulgação, o assessor de imprensa terá o **JOGO DE CINTURA** necessário para entender as expectativas e os compromissos do jornalista na feira, conciliando-os com os desejos do cliente.

Mas lembre-se: o anseio de empresários em ver seu produto noticiado como uma das atrações da feira esbarra em uma série de fatores. O principal deles chama-se **APELOS DE DIVULGAÇÃO**. As chances de aparição crescem se o lançamento de uma empresa for realmente uma novidade no mercado e apresentar utilidade para o público em geral. Um bom consultor de comunicação pode auxiliar executivos e empresas a estabelecer o que e como divulgar.

Comece a planejar eventos

Como sua empresa explora os eventos que promove? Se eles não são noticiados na imprensa, **NOTA ZERO** para sua área de vendas e marketing. Os eventos são um tremendo instrumento de divulgação, utilizado por muitas empresas e entidades.

Há dezenas de espaços na mídia dedicados a palestras, cursos e seminários – sem falar nas reportagens – que veiculam essas informações **SEM NENHUM CUSTO**. Pense nas palestras gratuitas patrocinadas por consultorias ou na cobertura de simpósios e seminários pela grande imprensa – antes e depois do evento. Por meio dessas ações, as empresas marcam presença no noticiário e reforçam suas marcas. Na esfera de publicações especializadas, até as campanhas de incentivos e os programas de atualização profissional ganham páginas e páginas de editoriais.

Os eventos são hoje um grande negócio. Movimentam direta e indiretamente diversos setores econômicos. Conquistaram há muito tempo **ESPAÇOS NOBRES** nas emissoras de TV e rádio. Na mídia impressa, várias publicações sobrevivem apenas de eventos de caráter privado ou social (vide *Caras, IstoÉ Gente* ou *Quem*) – sem citar o colunismo eletrônico.

Os **450 ANOS** de São Paulo não fugiram à regra. De marco histórico, a data virou um grande *case* de marketing. Segundo cálculos da prefeitura paulistana, a iniciativa privada gastou R$ 103,6 milhões para ver sua marca associada às comemorações. Bradesco, Claro, Pão de Açúcar, Petrobras, TIM, Vivo e Votorantim foram algumas empresas que investiram alto no evento.

Já a Rede Globo obteve um **RESULTADO EXCELENTE**, para não dizer histórico (em faturamento). Período tradicionalmente fraco, o mês de janeiro de 2004 recebeu uma injeção de R$ 30 milhões em publicidade institucional de empresas que homenagearam a cidade.

A emissora realizou uma cobertura sensacional ao longo do mês e atraiu uma enxurrada de anunciantes. A cidade foi noticiada amplamente em todo o país e alcançou alguma repercussão positiva no exterior. E mais de 50 setores econômicos obtiveram **GANHOS DIRETOS** e indiretos com o evento.

Como divulgar lançamentos de produtos

Pode parecer fácil, mas divulgar **LANÇAMENTOS DE PRODUTOS** é tarefa complicada. Uma empresa que aposta todas as fichas em inserções espontâneas de mídia – geradas a partir de ações de assessoria de imprensa – pode alcançar resultados iniciais muito expressivos. No entanto, a cobertura tende a "minguar" com o tempo, principalmente se os lançamentos tornarem-se regulares.

MUITAS NOVIDADES assemelhadas promovidas em um curto espaço de tempo não resultam, necessariamente, em uma exposição proporcional nos veículos de comunicação. Aliás, um lançamento após o outro acaba concorrendo naturalmente com o anterior. Podem estampar espaços em mídias especializadas, mas não na grande imprensa.

O **IMPACTO SE REDUZ** sensivelmente. Jornalistas tendem a avaliar notícias sobre novos produtos como algo **MUITO COMERCIAL**. Paralelamente, buscam distribuir de forma equânime o espaço dedicado à cobertura das empresas, considerando sempre a representatividade de cada companhia em seu setor de atuação.

Ainda assim, a conquista desses espaços exige boa dose de criatividade por parte dos consultores de comunicação. Uma boa saída é sugerir à imprensa novidades da empresa acompanhadas de um **CONTEXTO DO SEGMENTO**. Ao abrir ao jornalista uma possibilidade mais abrangente, inclusive ouvindo outras fontes, sua empresa passa a ser vista com mais credibilidade.

Outra possibilidade é a utilização, como fonte de dados, de uma pesquisa elaborada para o desenvolvimento do novo produto ou que revele uma **DEMANDA POTENCIAL** do mercado pelo lançamento. Estar na mídia vai muito além da quantidade de textos e de ações.

Vale lembrar, no entanto, que o ideal em relação a lançamentos regulares de produtos é desenvolver uma **POLÍTICA COMERCIAL COMPATÍVEL** com investimentos em divulgação. Essa é a garantia de sustentação dos lançamentos e longevidade das novidades.

Caminhos para a coluna social

Seção que chama bastante a atenção em uma mídia, a coluna social desponta entre as editorias como uma espécie de **"FAROL"**, que ilumina os melhores acontecimentos em uma cidade, estado ou país, dependendo de sua abrangência. Sem dúvida, um colunável de qualidade deve estar sempre em contato com colunistas para seu trabalho ficar conhecido pelas pessoas formadoras de opinião na sociedade.

Mas o que torna uma pessoa colunável, além do poder ou do cargo importante que eventualmente ela ocupe? Em primeiro lugar, o colunista precisa receber informações que apresentem relevância para o maior público possível. Não podem interessar apenas a um determinado setor da sociedade: têm de **INFLUENCIAR** as pessoas, como fazem políticos de destaque, designers respeitados, empresários perseverantes, músicos de vanguarda e até ex-crianças de rua que deram uma guinada de 360° em suas vidas.

Além disso, tente pensar como o colunista ao sugerir-lhe histórias. É necessário estar explícito nelas o caráter de novidade. Nada de pautas genéricas como a de uma empresa incentivadora do terceiro setor que quer aparecer sob a aura do "bem". É indispensável olhar o tema sob **DIFERENTES ÂNGULOS**. Essa companhia, por exemplo, conseguiria melhor destaque se a divulgação tivesse como gancho dados sócio-econômicos da área em que atua.

Quanto à exclusividade, nunca é exagero dizer: honre o acordo se negociar com o jornalista um prazo para soltar sua nota livre de concorrência. Do contrário, você colocará em risco a **CONFIABILIDADE** mantida com o profissional de comunicação. Cultivar esse bom relacionamento, aliás, é palavra de ordem para o candidato que vai aparecer na coluna.

Por trás do jornalismo de celebridades

No meio jornalístico, habitualmente as notícias de maior **DESTAQUE** são as que mais podem afetar o dia-a-dia de uma considerável parcela da sociedade. Como explicar, então, o crescente espaço destinado a celebridades? Até que ponto a vida dessas pessoas pode influenciar na rotina dos leitores?

Obviamente, esse é o foco de revistas especializadas e colunas sociais, de onde, provavelmente, surgiu o **JORNALISMO DE CELEBRIDADES**. Mas as ocorrências desse tipo de "notícia" em veículos de interesse geral parecem, cada vez mais, mostrar grande importância ou enfoque até mesmo exagerado. E desse modo acabam camuflando a futilidade dos fatos ou dos envolvidos.

Quem não se lembra da grande repercussão do nascimento de Sasha, filha de Xuxa, em praticamente toda a mídia nacional? Ou do casamento do jogador Ronaldo com a modelo Daniela Cicarelli? Uma folheada em qualquer jornal ou revista de interesse geral esbarra, fatalmente, em uma notícia sobre alguma **PERSONALIDADE**.

O interesse em saber da **VIDA ALHEIA** sempre existiu e a desmitificação de celebridades sempre fascinou. Hoje, unindo esse arrebatamento a eficientes estratégias de **MARKETING PESSOAL** dos famosos, muitas vezes os papéis se invertem. O jornalismo busca os famigerados, mas também por eles é procurado. Imprensa é agente e alvo da indústria da fama.

É preciso destacar aí a atuação das **ASSESSORIAS DE IMPRENSA** de personalidades públicas famosas, constantes geradoras dessas notícias. São as assessorias que estão por trás da suposta autopromoção das figuras ilustres em qualquer setor.

Se é famoso, é notícia. "Falem o quiserem, mas falem de mim" é o mote do jornalismo de celebridades. A indústria da fama ganha, os leitores saciam a curiosidade, a imprensa busca limitar os excessos e as assessorias garantem espaço na mídia a seus clientes.

Para entender a mídia especializada

O mercado brasileiro assiste a uma proliferação sem precedentes de **VEÍCULOS ESPECIALIZADOS**. Hoje, **QUALQUER SETOR** produtivo do país encontra uma variedade imensa de mídias para cobri-lo. Toda companhia – seja de pequeno, médio ou grande porte – convive de perto com jornalistas de seu ***TRADE*** de atuação.

Esses profissionais de imprensa merecem uma atenção especial, em razão da **PECULIARIDADE** do material jornalístico que produzem. Engana-se quem acha que as mídias setoriais têm influência limitada. Por terem conhecimento específico sobre um assunto, elas informam o público primário sobre o mercado em que atuam e, muitas vezes, transformam-se em **FONTE PARA A GRANDE IMPRENSA**.

Mas para infelicidade do bom jornalismo, um procedimento muito comum entre os veículos especializados é a **REPRODUÇÃO INTEGRAL** de *releases* elaborados pelas assessorias de imprensa. Apesar de estarem bem próximos das fontes, esses meios costumam ter **REDAÇÕES NANICAS**, boa parte delas composta de uma ou duas pessoas, com alto envolvimento entre temas editoriais e a área comercial.

Ao mesmo tempo, esses veículos proporcionam uma divulgação constante das notícias do setor que cobrem. Na maior parte das vezes, os jornalistas da mídia segmentada são bastante seletivos, principalmente em relação à **CONFIABILIDADE** das fontes.

Quando confiam no autor e julgam a informação pertinente, veiculam o texto na íntegra. Caso contrário, simplesmente não reproduzem o material. Aqui, mais uma vez, a sua **CREDIBILIDADE** e a de seu assessor de imprensa são essenciais. Afinal, como regra geral, ganha bons espaços na mídia quem goza de boa reputação como fonte.

Horas de entrevista em apenas uma linha (I)

Mesmo os mais descolados empresários já vivenciaram o desapontamento de ver suas declarações **REDUZIDAS AO EXTREMO** ou mal interpretadas pela mídia. Quando isso acontece, ganha força uma piada sobre a profissão: "o jornalista é um profissional especialista em separar o joio do trigo, mas sempre publica o joio".

No dia-a-dia, são raros os casos de distorção do conteúdo por má-fé do repórter. No entanto, existem fatores inerentes à própria rotina do jornalismo que precisam ser considerados. O mais comum é a **FALTA DE CLAREZA** e objetividade nas declarações do entrevistado.

Mesmo as entrevistas do tipo perguntas e respostas (conhecidas no meio jornalístico como pingue-pongue) são editadas. O texto normalmente é **LAPIDADO** pelo repórter e, quase sempre, também por seu editor. Na missão de tornar o texto mais claro, preciso e conciso, surgem, às vezes, distorções – maiores ou menores.

Outra queixa é conceder horas de entrevista e ver publicadas apenas **UMA OU DUAS FRASES**. A lamúria tem fundamento. Mas o que fazer diante de espaços editoriais reduzidos ou de inesperados fatos do cotidiano que merecem grande destaque?

Se não podemos interferir no **"TAMANHO DA MATÉRIA"**, cabe à fonte e, em especial, aos assessores de imprensa minimizar os riscos. Como? Municiando, sempre que possível, o jornalista com informações sobre o assunto tratado, preparar um bom *press-kit*, saber e atender objetivamente o repórter em relação a sua pauta e proporcionar a melhor interação possível entre o entrevistado e a mídia. Pensando em todas essas variáveis, as chances de ver no papel aquilo que foi dito pelo cliente aumentam consideravelmente.

Horas de entrevista em apenas uma linha (II)

"Passei quinze minutos dando entrevista para o jornalista e ele só publicou uma aspa!" **RECLAMAÇÕES COMO ESSAS** são bem comuns entre empresários que servem de fonte em matérias, sejam elas veiculadas em jornais, revistas, canais de TV, rádios ou *sites*. Mas será que é justo que reajam assim?

Em primeiro lugar, é necessário que o executivo compreenda o processo jornalístico, que envolve desde a apuração dos dados até a edição final da matéria. Na passagem das informações do bloco de anotações ou do gravador para o computador, **NÃO FALTAM VARIÁVEIS** que podem exigir a redução do espaço ou do tempo da reportagem.

O editor/produtor eventualmente tem de oferecer espaço a muitas idéias de importância equivalente. Portanto são naturais o corte de excessos e a elaboração de um período que **SINTETIZE OS DADOS** fornecidos pelo entrevistado. Além disso, o repórter, ao deixar a redação, não tem certeza de qual será o tamanho do texto ou o tempo da gravação.

É normal também que o jornalista constate que a hipótese formulada anteriormente – e que motivou a entrevista – não condiz com as informações que levantou. Isso significa que a **PAUTA NÃO "RENDEU"** tanto quanto foi pensada pela editoria. Algumas vezes, o próprio entrevistador, devido a uma agenda de contatos pouco apurada, conversa com um interlocutor errado.

Se o porta-voz observar e entender o ofício do comunicador, provavelmente evitará desgastes gravíssimos na relação com a mídia. Aliás, ao demonstrar que compreende o funcionamento da redação, o empresário só **FORTALECE OS LAÇOS** que o ligam ao repórter.

Horas de entrevista em apenas uma linha (III)

Imagine que você tenha **APENAS 12 SEGUNDOS** para defender sua empresa. Pense ainda que são apenas 12 segundos para expor seu ponto de vista ao vivo para uma audiência de 70 milhões de pessoas. Começa aí o inferno para muitos dirigentes e organizações. É quando descobrem como estão mal preparados para aproveitar esse tempo curtíssimo.

Doze segundos ou 15, no máximo. Esse é o tempo de duração média de uma **SONORA**, a frase ou o argumento editado e veiculado no noticiário dos telejornais. Sair-se bem não é uma questão de talento. É fruto de muita preparação. Nesses momentos, os porta-vozes podem **CAIR NO DESCRÉDITO** total ou resgatar de modo decisivo a imagem de uma instituição.

O tom da fala, as pausas e o estilo devem constituir e seguir um **ROTEIRO PRÉVIO**, no qual a mensagem-síntese deve ter começo, meio e fim. É preciso ainda se preparar e tentar antecipar todas as questões – as óbvias e as indesejadas – que serão feitas pela imprensa. Para as primeiras, assinale tópicos curtos a serem utilizados para compor a resposta. Para as **PERGUNTAS INCÔMODAS**, elabore bem seus argumentos e não perca o foco. Responda ao espectador, ao ouvinte e ao leitor. Não caia nas armadilhas colocadas por repórteres.

Algumas **REGRAS CLÁSSICAS** devem nortear a atuação de um porta-voz em qualquer situação. São elas:

- Diga tudo o que puder, o mais rápido possível.
- Elimine jargões técnicos. Sua mensagem tem de ser clara e concisa.
- Fale com um tom de voz único.
- Seja honesto. Não minta. Se não sabe, diga que não sabe.
- Não especule. Só transmita informações confirmadas.
- Acredite no que você fala.
- Demonstre preocupação em situações difíceis.
- Use comparações em assuntos complexos sempre que possível.

Não se esqueça ainda de expressões, roupas e gestos – **TUDO TEM SIGNIFICADO**.

Matéria pronta: o perigo de não ir além da pauta

Em vez de longos e esclarecedores 30 minutos, a conversa com o jornalista dura apenas três. E ele não se mostrou nem um pouco interessado em descobrir novos fatos e enxergar aquele tema sob outra ótica. Esse tem tudo para ser um caso de **MATÉRIA PRONTA**, que desestimula muitos empresários a falar com a imprensa.

É necessário, porém, entender as razões que levam a esse comportamento não muito profissional. Geralmente isto acontece em **QUESTÕES POLÊMICAS** em que a única intenção é provar uma tese e tirar da fonte, iludida pelo repórter, uma declaração que só alimenta o problema. Mas podem haver outros fatores em jogo, como **FALTA DE TEMPO E EXPERIÊNCIA.**

Abrir o jornal e deparar com uma reportagem desconfortável, com você "entrando de gaiato". Esta, infelizmente, é uma realidade, cada vez mais comum nos dias de hoje. Motivo suficiente para você recuar e **ABRIR MÃO DA ENTREVISTA?** Não.

NÃO FALAR PODE SER PIOR. Transmite a impressão de que você quer colocar uma cortina para ocultar a crise, ao invés de encará-la. Por isto, se o repórter abusar da insistência, **SEJA INFLEXÍVEL** e apresente dados que agreguem valor à matéria.

Se achar melhor falar com a assessoria de imprensa, OK. Às vezes, porém, não há tempo para tomar tal decisão. Então, é hora de **MOSTRAR HABILIDADE.** Procure reunir documentos, faça também o papel de questionador para **CHEGAR A UM OUTRO LADO** daquele problema. Mas se a crise tiver o concorrente como foco, não o cutuque simplesmente por considerá-lo um adversário – ele pode ser seu aliado um dia.

Dificilmente um jornalista deixará de ouvir as **ARGUMENTAÇÕES** da fonte, mesmo se a entrevista representar somente o "acabamento" da matéria. Para ir além da pauta, um empurrãozinho do empresário pode ser suficiente.

Não peça para ler matérias antes

Falar ao telefone, escrever uma matéria, passar um *e-mail*, ouvir o rádio e ainda estar atento às últimas notícias na TV são algumas das atividades exercidas – muitas vezes simultaneamente – pelos **JORNALISTAS DE REDAÇÃO**.

Nesse ritmo, milhares de declarações, frases feitas e entrevistas são publicados todos os segundos. Imagine se todas as fontes e entrevistados tivessem o direito de ler a matéria antes da divulgação... O fluxo de informações dobraria, causando um grande **DESPERDÍCIO DE TEMPO** e energia.

Além de inviável, pedir para ver antes o trabalho do jornalista é um ato ofensivo, quase sempre considerado uma interferência à liberdade de imprensa ou uma acusação de incompetência profissional. De nada adianta tentar ultrapassar a hierarquia nas redações. Isso só vai complicar ainda mais o **RELACIONAMENTO** em divulgações posteriores.

O mais prudente é evitar os erros de percurso. Para isso, cabe à fonte **CUIDAR DA INFORMAÇÃO** que passa. Há muitas formas de evitar o mal-entendido e as informações distorcidas antes que elas sejam publicadas.

Você pode, tranqüilamente, pedir ao jornalista que repita a pergunta; pode parar para pensar na resposta; sugerir novos rumos à conversa; reforçar o entendimento; e até mesmo discordar de premissas contidas na pergunta do jornalista. Tudo para que sua resposta fique **CLARA E OBJETIVA**.

Como não há chance de revisar suas respostas antes da publicação da matéria, seja prudente com as declarações. Afinal, aqui também é válida a máxima dos filmes policiais norte-americanos: **TUDO QUE VOCÊ DISSER PODERÁ SER USADO CONTRA VOCÊ**.

Para entender as cartas-respostas

A seção de cartas de leitores de jornais e revistas deveria mudar de nome. Em vez de expressar a opinião do público sobre as reportagens veiculadas, tornou-se praticamente um **DOMÍNIO DE CONTESTAÇÕES** às matérias assinadas, fruto de manifestações de assessores de imprensa, políticos e empresários.

Os grandes veículos têm mais cuidado com o espaço. A *Folha de S. Paulo*, jornal de maior circulação do país, admite três procedimentos em relação às contestações de empresas e organizações. O primeiro é **CONFIRMAR**, no fim da carta reproduzida, as informações da matéria publicada. O segundo é **ADMITIR QUE ERROU**, remetendo o leitor a uma nota na seção "erramos" e pedindo desculpas por sua falha. Ainda existe a opção de **REPRODUZIR A CARTA** sem adendo algum.

De modo geral, a mídia impressa e diária reproduz a carta (ou *e-mail*) recebida, eximindo-se de admitir erros ou fazer comentários. Cabe à empresa, por intermédio de sua assessoria de imprensa, planejar com atenção o posicionamento ou a reclamação aos veículos. A resposta deve apresentar um **TEXTO CONCISO E IMPECÁVEL**, apontando os erros cometidos pela reportagem. Caso contrário, o feitiço vira contra o feiticeiro.

Use o bom senso em desmentidos

Se a publicação de uma reportagem positiva sobre uma empresa já requer atenção das fontes, tentar corrigir uma **INFORMAÇÃO DISTORCIDA** ou uma notícia negativa é um verdadeiro trabalho de Hércules. Primeiro porque o espaço nos veículos custa caro e, depois os jornalistas não gostam de admitir que erraram.

Em certas situações, nem vale a pena desmentir. Se não há uma acusação direta, se não há informações comprometedoras, o melhor é **REDOBRAR** a atenção e preparar-se para uma eventual necessidade de explicação. Reagir de imediato pode ampliar ainda mais o cunho negativo.

O mais prudente é **EVITAR** erros de percurso. Organize suas idéias em tópicos antes da entrevista pré-agendada. Procure entregar sempre uma versão impressa ao jornalista. Apesar de simples, a medida evita que o repórter publique números errados sobre o balanço de uma empresa, por exemplo.

Diante de uma matéria meramente especulativa que não ganhou espaço de destaque, o melhor é tentar entrar em contato com o jornalista e explicar os fatos com o objetivo de evitar futuras publicações. Quando for o caso de uma **DENÚNCIA** que desmoralize a imagem da companhia, o porta-voz precisa munir-se de dados sólidos para solicitar um desmentido formal. O ideal é que isso se faça entre a fonte e o próprio jornalista que escreveu a reportagem. Tentar ultrapassar a hierarquia nas redações e conversar com o editor pode causar um **MAL-ESTAR** e complicar o relacionamento em divulgações posteriores.

As ações enérgicas, como reclamar o direito de retratação na Justiça, só devem ser utilizadas em última instância, quando o direito de resposta é negado. Caso o desmentido não seja publicado como matéria jornalística, vale recorrer à **MATÉRIA PAGA**. Trata-se de um texto que contém a versão da empresa e é sempre publicado na íntegra. Vale lembrar que é premissa no jornalismo ouvir todos os lados da mesma história e, quando uma das partes é vetada, a democracia é quem perde, pois a informação ainda é instrumento de poder.

Sua empresa errou? Faça a devida penitência!

Errou? Sua empresa pisou na bola? Faça a devida **PENITÊNCIA**. É a melhor saída e a mais honrosa em qualquer crise de imagem a curto, médio e longo prazo. Caso contrário, sua empresa, negócio e vida privada serão martirizados.

Costumo sempre lembrar em reuniões com **EMPRESÁRIOS EM APUROS**: mais do que os fatos, o que conta é a percepção da opinião pública sobre como uma companhia ou líder administra um problema. Recordo também que **VILÕES** negam problemas, não admitem erros, não fazem correções e são arrogantes e prepotentes.

Em desastres industriais, crises com consumidores, denúncias do Ministério Público e em qualquer outro conflito de imagem, o plano de ação ideal passa por um pedido formal e sincero de **DESCULPAS**. Essa atitude colocará rapidamente muita gente do lado da organização ou da liderança.

Além disso, repare o dano causado impondo a si mesmo algum tipo de prejuízo que se transforme em uma forma de **COMPENSAÇÃO**. Admita voluntariamente que errou. Explique por que os erros aconteceram. Deixe a arrogância de lado e demonstre contrição e preocupação **SINCERAS**.

Outro comportamento sempre bem recebido pela mídia e opinião pública é prometer publicamente que o **ERRO** não irá se repetir. Concorde em dar os passos necessários para a **SOLUÇÃO** do problema. Ouça o clamor das vítimas e aceite os conselhos da comunidade. Encontre um modo de aliviar ou reparar as **PERDAS ALHEIAS**.

O mais importante pilar de uma imagem consiste justamente nos **VALORES POSITIVOS**, capazes de despertar a admiração das pessoas. Valores associados a uma boa imagem muitas vezes se sobrepõem aos fatos. Pense nisso!

O pós-entrevista

Por definição, a entrevista jornalística representa um **INSTRUMENTO DE OBTENÇÃO DE NOTÍCIAS**. Pode nascer da iniciativa do jornalista ou suscitada (informalmente) por alguém interessado em cavar espaços para si ou para seu cliente. Mas para o entrevistado, o objetivo é outro: **AUTOPROMOÇÃO, DIFUSÃO DE UMA IDÉIA** etc. Os interesses, em princípio, não coincidem, mas podem ser convergentes.

Isto, porém, só se torna possível se você tiver alguns preceitos em mente. Primeiro: o **JORNALISTA NÃO É SEU ADVERSÁRIO** simplesmente porque fez perguntas indesejadas ou aproveitou somente três linhas dos 30 minutos de conversa. É costume o repórter **CRUZAR INFORMAÇÕES** com as de outras pessoas, para fornecer a notícia da forma mais completa possível. Sem contar a interferência – quase sempre marcante – do editor. E tem mais. Pode ser que seu discurso durante a entrevista não estivesse afinado com os anseios e necessidades. **VOCÊ FOI UM BOM PORTA-VOZ?** Faça este questionamento.

E **NUNCA** se utilize de **MEIOS COMERCIAIS OU PESSOAIS** para garantir que a entrevista seja publicada. Em pouco tempo, você destrói uma relação que poderia se tornar ainda mais proveitosa, quebrando as pernas do assessor de imprensa. Também evite pedir para avaliar a entrevista antes da veiculação. Se houver algum receio, informe o assessor de imprensa e coloque-se à disposição do repórter para sanar dúvidas.

Uma vez que a entrevista for publicada, é muito importante avaliar a forma como a notícia foi apresentada, o **ESPAÇO OCUPADO POR VOCÊ E PELOS CONCORRENTES**. Vale ressaltar que críticas não devem ser levadas a ferro e fogo; elas ajudam a promover a pluralidade de idéias. Se houver dados negativos na matéria, **CALCULE** se vale a pena apontá-los. Às vezes, é colocar lenha em uma fogueira que estava prestes a se apagar.

Antes de sair questionando o mundo, procure **AVALIAR O QUE ESTÁ EM VOCÊ**. Falei ao jornalista o que tinha de ser dito? Ajudei o repórter a enxergar o panorama do setor? Em suma, exercite a **AUTOCRÍTICA**.

A mesma notícia interpretada de diversas maneiras

Apesar da grande diversidade de publicações e emissoras de rádio e TV, leitores, ouvintes e telespectadores percebem facilmente, com um pouco de discernimento, a **POSTURA ADOTADA** pelos meios de comunicação em relação aos grandes temas e debates da sociedade.

Muitos estudiosos e teóricos da comunicação já pesquisaram a mídia, analisando como as informações são moldadas de acordo com interesses dos grupos editoriais. Paralelamente, a **INDÚSTRIA CULTURAL** e de comunicação de massa transforma informações em notícias como se fossem verdadeiras *commodities*, com mensagens específicas para públicos específicos. O que varia é o grau de imparcialidade de cada veículo de comunicação.

Dúvida? Uma piada que circulou pela internet demonstra isso com clareza. Acompanhe a seguir como **UMA MESMA NOTÍCIA PODE SER INTERPRETADA** de várias maneiras por jornais e revistas. O tema em foco retrata um hipotético *Fim do Mundo*. Exageros à parte, as manchetes resumem a linha editorial adotada por alguns veículos.

The New York Times: O MUNDO VAI ACABAR

O Globo: GOVERNO ANUNCIA O FIM DO MUNDO

Jornal do Brasil: FIM DO MUNDO ESPALHA TERROR NA ZONA SUL

O Dia: FIM DO MUNDO PREJUDICA SERVIDORES

Folha de S.Paulo: SAIBA COMO VAI SER O FIM DO MUNDO (acompanha gráfico)

O Estado de S. Paulo: MST ENVOLVIDO NO FIM DO MUNDO

Zero Hora: RIO GRANDE VAI ACABAR

Agora São Paulo: PSICOPATA MATA MÃE E DEGOLA PAI AO SABER QUE O MUNDO VAI ACABAR

Tribuna de Alagoas: DELEGADO AFIRMA QUE O FIM DO MUNDO SERÁ CRIME

Estado de Minas: SERÁ QUE O MUNDO ACABA MESMO?

Jornal do Comércio: JUROS FINALMENTE CAEM!

Lance!: NEM O FIM DO MUNDO SEGURA O SANTOS

Correio Brazilienze: CONGRESSO VOTA CONSTITUCIONALIDADE DO FIM DO MUNDO

Gazeta Mercantil: MERCADOS NÃO ABREM AMANHÃ

Veja: EXCLUSIVO – ENTREVISTA COM DEUS

Nova: TESTE – SEU NAMORO VAI ACABAR ANTES DO FIM DO MUNDO?

Playboy: JULIANA PAES – UM APOCALIPSE DE SENSUALIDADE

Revista da MTV: ENTREVISTA COM DEUS: "ESTAREI NO BRASIL ESTE ANO E DETONAREI ALGUNS SHOWS"

InfoExame: 100 DICAS DE COMO APROVEITAR O WINDOWS THE END

Você S.A.: COMO VENCER O FIM DO MUNDO: APRENDA A SE COMUNICAR COM DEUS

Época: O FIM DO MUNDO – SAIBA COMO SERÁ O APOCALIPSE NO BRASIL

Monet: EXCLUSIVO – O FIM DO MUNDO NA GNT

Elle: O FLORAL IMPERA NAS COLEÇÕES PARA O THE END

Exame: O FIM DO MUNDO VEM AÍ? NÃO IMPORTA. SAIBA COMO AS EMPRESAS VÃO LUCRAR COM ISSO

Cult: O TRIUNFO DO DESCONSTRUTIVISMO

Boa Forma: A MELHOR DIETA PARA OBTER FORMAS DE OUTRO MUNDO

Caras: XUXA MOSTRA CASA NOVA NO ÉDEN

Terra: CIENTISTAS REVELAM COMO SERÁ O FIM DO MUNDO

Valem mais algumas linhas na *Folha* ou uma página na Gazeta do Piauí?

O anúncio de um grande investimento de sua empresa tornou-se tema de uma página da Gazeta do Piauí e sua foto foi estampada na capa da edição. Trajetória no mercado, perspectivas de crescimento, nenhuma informação relevante deixou de ser citada. O mesmo fato foi noticiado pela ***FOLHA DE S.PAULO***, mas a entrevista que consumiu trinta minutos de seu precioso tempo se converteu em apenas oito linhas na editoria de negócios.

Os 10 maiores jornais brasileiros em circulação – média diária (dados de 2007)

Folha de S.Paulo	302.595
O Globo	280.329
Extra	273.560
O Estado de S. Paulo	241.126
Super Notícia	238.611
Meia Hora	205.768
Zero Hora	176.412
Diário Gaúcho	155.328
Correio do Povo	154.188
Lance!	112.625

Fonte: IVC – Instituto Verificador de Circulação

Criamos uma publicação fictícia – a Gazeta do Piauí – para exemplificar a repercussão de uma notícia e o impacto que ela pode causar. Detenha-se por alguns segundos na lista ao lado. Ao planejar a ação de um lançamento ou qualquer outra novidade empresarial, deve-se ter em mente o **GRAU DE REPERCUSSÃO** que cada veículo pode oferecer.

A página inteira publicada na Gazeta do Piauí, em um periódico de bairro da capital paulista ou em um jornal do interior do estado de São Paulo sobre sua empresa resulta em, no máximo, pouco mais de 5 mil ou 10 mil leitores. Já o singelo espaço na *Folha de S.Paulo*, ou em qualquer outra publicação da grande imprensa, alcança pelo menos **300 MIL PESSOAS** — isso se levarmos em conta a proporção mínima de um leitor para cada exemplar. Vale considerar também o retorno qualitativo que pode gerar uma notícia em veículos de grande circulação, mesmo resumida em poucas palavras.

A relação dos jornais de maior tiragem nos dá a exata noção do **IMPACTO** de 5, 10 ou 15 linhas de referência direta da sua empresa. É possível constatar que o Rio Grande do Sul tem três de suas publicações (*Zero Hora*, *Diário Gaúcho* e *Correio do Povo*) entre as dez mais bem ranqueadas do país. E, no Rio de Janeiro, o *Jornal do Brasil* está atrás de *Extra* e *O Dia*.

Fique à vontade, portanto, para comemorar o excelente espaço dedicado a sua empresa pela Gazeta do Piauí ou por publicações do gênero. Mas não despreze uma única afirmação sua inserida nos grandes veículos de circulação nacional. Três linhas podem significar uma grande alavanca para a imagem institucional de sua empresa.

Os limites da publicidade

Você já sabe muito bem a diferença entre espaço editorial e publicitário. Mas não pense que pode colocar seus anúncios na mídia do jeito que quer e no lugar que quer. Até a **VEICULAÇÃO PAGA TEM REGRAS** que impõem limites à sua divulgação, para deixar clara sua **INDEPENDÊNCIA** do material jornalístico.

Os mandamentos são relativamente simples, mas sempre alguém acredita poder quebrá-los. Não são poucas empresas que sonham ter o **ANÚNCIO COM CARA DE MATÉRIA. IMPOSSÍVEL!** As particularidades de cada espaço precisam estar nítidas. Se houver alguma chance de ser confundido com conteúdo jornalístico, é essencial estampar mensagens como "informe publicitário" ou "promoção", com letras bem visíveis no alto da página.

Então quero aparecer na primeira página! Esqueça. **CAPA É EXCLUSIVAMENTE EDITORIAL**. Produtos, serviços e empresas só aparecem lá quando não se referem a publicidade. Logotipos também devem figurar apenas em inserções pagas, exceto quando forem tema de uma matéria. Outra dica: jamais pense em contratar profissionais de veículos nos quais você anuncia para a produção da sua peça publicitária. As próprias publicações recomendam a seus funcionários e colaboradores não aceitar propostas como essa. O caminho é criar um **DEPARTAMENTO ESPECIALIZADO** na empresa ou recorrer a **AGÊNCIAS TERCEIRIZADAS**.

As normas valem ainda para patrocínios. Termos como "patrocinado por" ou "marca X apresenta" só podem ser empregados em edições especiais e em caso de apoio a concursos e promoções culturais, de forma legível e nítida. **EDIÇÕES ESPECIAIS** de anunciantes exclusivos não se enquadram nessa regra, mas é necessário que nelas conste uma **NOTA DO EDITOR**, informando aos leitores a existência de um acordo publicitário.

Muita rigidez? Não se você considerar que esse bê-á-bá desmembra claramente jornalismo e publicidade e reforça a boa imagem de ambos. Ninguém deseja inibir os anúncios, somente torná-los mais respeitáveis. Novamente **ESTAMOS FALANDO DE CREDIBILIDADE**. E você não paga para perdê-la, certo?

Publicidade *versus* espaço editorial (I)

Com a recente difusão das assessorias de imprensa, muitas companhias passaram a questionar qual a melhor forma de **DIRECIONAR** seu orçamento de mídia. Qual o investimento mais compensador: um grande **ANÚNCIO** ou uma competente **AÇÃO DE IMPRENSA**, planejada por uma agência de comunicação empresarial?

O ideal é fazer um *MIX* das duas modalidades de exposição, pois **UMA NÃO SUBSTITUI A OUTRA**, mas atuam como meios complementares. Em alguns casos, a assessoria de imprensa pode até ser mais eficaz que uma mera propaganda, já que tem a capacidade de **ORIENTAR O PÚBLICO** sobre determinado tema.

Como informar surte efeito mais duradouro do que seduzir o consumidor – missão máxima da publicidade –, o espaço editorial mostra ser a alternativa mais recomendável quando se quer acrescentar **CREDIBILIDADE** à marca. Por outro lado, se o intuito é enaltecer uma promoção ou novo produto, uma publicidade bem elaborada surtirá impacto maior. Isso porque dificilmente a área editorial abre espaço para ações desse tipo e tende a rejeitar pautas com viés **COMERCIAL**.

O imprescindível, em ambos os casos, é entender as diferenças na mecânica que rege o funcionamento das duas extremidades. Um anúncio chega pronto à redação e é inserido tal e qual foi **APROVADO PELA COMPANHIA**. Já ao se relacionar com a imprensa, a empresa está sujeita ao discernimento inerente à **EDIÇÃO JORNALÍSTICA**.

E na hora de avaliar quais ferramentas utilizar – e como tirar o melhor proveito delas – consulte sua **AGÊNCIA DE COMUNICAÇÃO!**

Espaço editorial

↓

- Gratuito
- Sem controle da empresa
- Confere credibilidade

X

Espaço publicitário

↓

- Comprado
- Total controle da empresa
- Divulgação

Publicidade *versus* espaço editorial (II)

Nunca é demais lembrar. Publicidade e comunicação empresarial não se misturam. **NÃO CONFUNDA OS DOIS**. Eles convivem lado a lado e dividem o mesmo espaço, mas utilizam linguagens muito diferentes.

O espaço de um anúncio é comprado. Nele, a empresa tem **TOTAL CONTROLE** e fala de si mesma. Já o espaço editorial é conquistado sem nenhum custo e sem o controle da empresa. Confere muito mais credibilidade, pois são outros atores falando de você, da sua empresa, de seus serviços e produtos.

Obviamente, uma empresa só tende a ganhar com a integração entre as campanhas criadas pelas agências de publicidade e as estratégias planejadas pelas consultorias de comunicação corporativa. Chega-se assim à conhecida e propalada **COMUNICAÇÃO INTEGRADA** dentro das organizações.

Há muitos anos, as grandes agências de propaganda estabeleceram parcerias com consultorias de comunicação corporativa. Hoje são as pequenas e médias agências de *trade* marketing, incentivo, CRM, eventos e de relacionamento que carecem de **BOAS ALIANÇAS** com os profissionais do segmento.

Trata-se de um movimento sem volta. Nos últimos anos, houve uma sensível diminuição dos investimentos em mídia e marketing e um **TREMENDO CRESCIMENTO** em ações voltadas para o incremento das relações com a imprensa.

Publicidade *versus* espaço editorial (III)

Muitas empresas ainda vêem, usam e contratam uma assessoria de imprensa como meio de aparecer e economizar investimentos em publicidade. **MUITO ERRADO**.

Os anúncios têm apelo comercial e geram respostas rápidas dos consumidores. A divulgação é paga e controlada pela empresa. Já o espaço editorial – o foco das boas assessorias – é gratuito. Isso não significa que a empresa entrevistada pode controlar ou ser notícia a todo momento. Nem tudo interessa à imprensa. Um bom assessor sabe distinguir o que é ou não notícia, **CAVA OPORTUNIDADES** e ressalta os fatos mais positivos e atraentes tanto para o público como para os jornalistas.

Não se deve esquecer também que, em geral, leitores, telespectadores e ouvintes confiam totalmente no que os jornalistas falam ou escrevem. Mesmo que um produto seja revolucionário na visão de seu criador, a imprensa irá sempre questionar sua eficácia. Há sempre o **COMPROMISSO COM A VERDADE**. Cercada de cuidados, uma boa notícia traz resultados muito mais sólidos e duradouros que qualquer ação publicitária.

De nada adianta anunciar que é líder de mercado e não ser citado em uma matéria especial sobre o setor. Ser referência na mídia resulta em **CREDIBILIDADE** – palavra-chave para cativar mais consumidores.

Estabelecidas as diferenças entre publicidade e espaço editorial, nada melhor do que unir as duas em um bom plano de comunicação. Mas esqueça que você merece atenção especial de um veículo só por ser seu anunciante fiel. Os bons jornalistas se pautam pelo **PESO DA NOTÍCIA**. Não fazem matérias com conotação comercial.

Novos produtos, eventos, *joint-ventures*. Tudo pode virar notícia ou publicidade. Um moderno eletrodoméstico pode ser apresentado em anúncios e também em reportagens, com fotos ou imagens. Mas como divulgar um remédio que controle o diabetes ou um novo conceito em contabilidade, temas de difícil assimilação? Nesse caso, a assessoria de imprensa exerce um papel essencial. É por meio dela que poderão sair reportagens que esclarecem o público com depoimentos e opiniões abalizadas.

Publicidade *versus* espaço editorial (IV)

Rotineiramente deparamos com as seguintes questões: qual a melhor forma de publicidade, anúncio ou assessoria de imprensa? Será que a criação de uma **AUTO-IMAGEM** é positiva, possui **CREDIBILIDADE**? Para responder a essas perguntas, o melhor é citar um exemplo prático. Em 17 de agosto de 2005, a revista *Veja São Paulo* publicou no Roteiro da Semana uma crítica gastronômica sobre o restaurante Taormina, no Jardim Paulista.

Após visita ao estabelecimento, a reportagem reservou um **ESPAÇO NOBRE** para descrever o restaurante na publicação. Muito mais do que reproduzir o que observou, o crítico foi além, mostrando a história do restaurante. Apresentou os donos (um jornalista italiano aposentado e a esposa), a decoração e os pratos da culinária mediterrânea, trazendo um pouco da Sicília para os leitores.

Bastou a notícia ser veiculada para gerar um **IMPRESSIONANTE RETORNO**. No domingo da edição, parte da Rua Peixoto Gomide, onde está localizado o Taormina, quase parou por causa do trânsito. Mais de cem pessoas ocuparam a calçada à espera de uma mesa e os telefones para reservas tiveram de ser desligados tal era o afluxo de chamadas. **O NÚMERO DE CLIENTES TRIPLICOU** e a procura se manteve altíssima nos outros dias. O resultado motivou o proprietário Salvatore Morici a escrever uma carta de agradecimento, publicada na semana seguinte na revista.

O CASO DE SUCESSO pode ser explicado pelo prestígio do veículo, pela credibilidade do crítico e, principalmente, pela descrição elegante do estabelecimento. Muitas pessoas não fazem idéia de que a **ASSESSORIA DE IMPRENSA** é responsável por esses espaços conquistados. Atentos à leitura diária de publicações e às necessidades da imprensa, tais profissionais são capazes de vislumbrar inúmeras possibilidades de notas, críticas ou matérias positivas como a do Taormina.

Será que um **ANÚNCIO** publicitário na *Veja São Paulo* teria a mesma **REPERCUSSÃO** da crítica gastronômica de Arnaldo Lorençato? Salvatore Morici tinha a resposta e preferiu que seu “universo” fosse definido e descoberto por outra pessoa. Em vez de se auto-intitular, deixou que as impressões reais fossem captadas por outrem. Decisão inteligente.

Quando jornalismo e publicidade se encontram

Você já viu aquelas reportagens de página inteira, que falam sobre uma empresa e têm, ao lado, um anúncio dela? Isto é considerado um **INFORME PUBLICITÁRIO**. É quando uma revista ou jornal publica uma matéria especial sobre sua companhia, desde que você compre um mínimo de espaço comercial. Um misto de jornalismo e publicidade.

Apesar de os informes publicitários não terem a mesma credibilidade de uma reportagem redigida por um jornalista, eles representam uma ótima alternativa para conquistar espaço na mídia. Podem ajudar sua empresa a se promover e garantem **EXPOSIÇÃO EM UMA ÉPOCA CRÍTICA**. E com um detalhe adicional: reproduzem fielmente a mensagem que sua companhia pretende disseminar ao público e ao mercado.

Nos dias de hoje, esse recurso é muito empregado pelas **GRANDES EMPRESAS** para informar seus projetos e ações. É o caso das **MONTADORAS**, quando informam os motoristas sobre eventual necessidade de *recall* nos veículos. Ou como **RESPOSTA** a **FATOS INVERÍDICOS OU DESABONADORES**.

Vale a pena também investir nessa modalidade de divulgação se a empresa não conseguiu nenhuma matéria mais recente. Seu assessor de imprensa **PODE AJUDÁ-LO NA REDAÇÃO** do informe.

Uma boa recomendação é pedir para os seus **FORNECEDORES PAGAREM TAMBÉM PELO INFORME**. Em contrapartida, eles seriam mencionados na parte editorial da matéria. Depois, ainda é possível tirar cópias do informe publicitário e mandar para todos os seus **CLIENTES**, efetivos e potenciais, como meio de divulgação interna.

Capítulo 2

Práticas de Assessoria de Imprensa

Rotina sem rotina

São 9h da manhã e João, atendimento de uma assessoria de imprensa em São Paulo, já está em seu computador fechando um **COMUNICADO DE IMPRENSA** para uma empresa da área de TI. Terminada a tarefa, passa o texto para a revisão e, em seguida, o envia para **APROVAÇÃO** por e-mail, que segue com um *clipping* de uma notícia anexa recém-recebida, mas veiculada por uma importante publicação de circulação nacional. O cliente precisa ter conhecimento antes das 10 horas.

Sua próxima atividade é crucial. Precisa questionar e obter com outros membros da agência **IDÉIAS CRIATIVAS** sobre um lançamento de uma praia artificial – que será a maior do Brasil – para apresentação e avaliação do cliente. Antes disso, o **TELEFONE TOCA**. É uma repórter checando informações recebidas sobre parecer jurídico de um escritório de advocacia da agência para fechar a sua reportagem.

Antes das 12h, João precisa ainda cobrar a **NOVO *LAYOUT*** de um boletim impresso de um outro cliente. A diagramação recebida na tarde de ontem continua muito primária e o *deadline* no limite. A hora do almoço se aproxima e o assessor tem que partir para uma **REUNIÃO-ALMOÇO**.

A pauta? Um assunto delicado: decidir com o presidente de uma indústria química que atende sobre o anúncio do fechamento de uma planta em outro estado previsto para o próximo mês.

De volta ao escritório, João checa com seu assistente as confirmações da **COLETIVA DE IMPRENSA** agendada para daqui a dois dias em Porto Alegre, onde estará também presente. Para reforçar a ação, liga para o editor do melhor telejornal local, que ainda não confirmou interesse de cobertura, apesar de o evento inclusive contar com a presença do governador daquele estado.

Às 16 horas, João checa novamente seus e-mails e **PESQUISA NA INTERNET** as atividades industriais do setor de um novo cliente. Às 17h, pára e analisa os resultados de ***CLIPPING*** dos clientes de sua carteira e não fica satisfeito. Terá que refazer contatos para alcançar os objetivos traçados. Repara então, que as fotos que comporão o ***PRESS KIT*** da coletiva não foram entregues pelo fotógrafo contratado. Os prazos agora são exíguos. E se não ficarem boas?

Como o cenário ilustra, as atividades de um assessor de imprensa são múltiplas e de **ALTA PERFORMANCE**. Como profissional, tem que dominar a escrita, exibir um ótimo relacionamento interpessoal, saber negociar a todo momento, ser criativo e um facilitador, pensar em toda a logística de um evento/divulgação e **RESOLVER PROBLEMAS** atrás de problemas.

Enfim, a rotina de um assessor de imprensa é um processo que envolve um **CICLO QUASE SEM-FIM**. Exige um tremendo esforço para se estabelecer e manter um bom entendimento entre uma organização e os vários públicos envolvidos.

Agora compreende por que este profissional precisa ser valorizado?

24 horas no ar

Um **RELACIONAMENTO ESTREITO** com o cliente é primordial para o sucesso do trabalho. Futuros resultados na imprensa começam em uma reunião formal de pauta ou mesmo em um simples e casual bate-papo. Estar próximo do dia-a-dia da empresa é essencial para o crescimento do trabalho.

O assessor deve ter atitudes positivas, **ESTAR ENVOLVIDO** com as metas da empresa e portar **CONHECIMENTO** e **EXPERIÊNCIA**, uma vez que estará recomendando e decidindo a divulgação de determinado assunto ou evento. Se não conseguir conquistar a **CONFIANÇA** do cliente, o melhor é não prosseguir.

O consultor de imprensa deve ter **ARGUMENTOS INTELIGENTES** para convencer as pessoas e demonstrar domínio em sua área de atuação. Deve ainda saber dizer não, quando sua interface na empresa insiste em divulgar algo ou de um modo que não despertará interesse da mídia.

Lembre-se: o assessor não exerce sua função apenas nas oito horas em que está na agência. Deve ficar ligado 24 horas. É na **OBSERVAÇÃO** de tudo o que acontece ao seu redor que nascem idéias criativas e pautas inovadoras. E isto não tem nada a ver com grandes sacadas. Tem a ver com **DISCIPLINA**.

Multiprofissional

O termo acima pode ser aplicado perfeitamente aos assessores de imprensa. Ou **GESTORES DA COMUNICAÇÃO**, como preferir. O profissional restrito à produção de *releases* e *follow-up* com a imprensa já nem tem espaço nos dias de hoje. As tarefas vão muito além. A começar pela intensidade e **VERSATILIDADE**. Fazer a articulação entre as diversas esferas do poder – empresa, mídia e público final –, treinar executivos e ainda ser um repórter são funções que o tornam um herói **MULTIFUNCIONAL**.

As diferenças entre assessoria e redação já são bem conhecidas. Mas o consultor de imprensa, por formação, tem a missão de **FAREJAR NOTÍCIAS**. Atualmente, estima-se que pelo menos metade do conteúdo editorial da grande imprensa tenha sua interferência direta. Pois é ele quem **ABRE AS PORTAS** da empresa à mídia, sempre pautado pela criatividade, pela ética e jogo de cintura.

Como jornalista, espera-se do assessor alguém culto, bem informado sobre os mais diferentes assuntos, apto a **APONTAR CAMINHOS E OPINAR** sobre as decisões e objetivos da empresa-cliente. **JAMAIS UM BAJULADOR**. Em ocasiões como um almoço de negócios, tão freqüente, o gestor também deve interpelar e demonstrar seu conhecimento. Na reunião com o cliente, deve atuar como um questionador.

Nas horas de tempestade, entra em cena o **GESTOR DE CRISES**. Na empresa em turbulência que não recorre ao consultor de mídia, o barco afunda em minutos. O **ASSESSOR DE COMUNICAÇÃO** tem **SABEDORIA PRÁTICA** para não fazer com que o problema vá para debaixo do tapete.

Este profissional incansável deve também construir ***NETWORK*** e até prospectar novas oportunidades de negócio para o cliente, sempre a partir de espaços nos jornais, revistas, *sites* e emissoras.

O segmento de assessorias é relativamente novo no Brasil em relação a mercados como o norte-americano, mas suficientemente nobre para **COOPERAR NO PROCESSO DE COMUNICAÇÃO** das empresas. Reuniões, textos, telefonemas, almoços, leituras, negociações. Com tantas tarefas-chave, ninguém duvida de que se trata de um **PARCEIRO ESTRATÉGICO**.

O perfil do assessor de imprensa

Você já se sentiria satisfeito ao ver um assessor de imprensa dedicado, carismático e que ainda por cima escreve bem (algo raro hoje em dia)? Antes de responder, saiba que tal perfil tem prazo de validade curto. E que ele pode ser muito melhor do que isso. Esse profissional assume hoje em dia um papel cada vez mais amplo – vestindo a camisa do cliente, mas agindo também como um **FACILITADOR DA IMPRENSA**.

E as mudanças começam pela redação dos *press releases*. Quer dizer que ele não compõe os textos com a minha linguagem ou com a linguagem da empresa? Esse questionamento é muito comum, mas lembre-se: é a imprensa que lerá essa notícia. O assessor, antes de tudo, é alguém preocupado em escrever e raciocinar como a mídia, auxiliando-a no processo de apuração, com direito a **INDICAÇÕES DE PERSONAGENS** e uso de números de mercado.

Com esse foco, o assessor literalmente **CORRE ATRÁS DA NOTÍCIA** e revela seu lado **FUÇADOR**. O bom profissional é investigativo, fica no pé do cliente até extrair assuntos de relevância. Mas não pense que ele sairá divulgando todo o trabalho que você acha pioneiro e personalizado. Afinal, na qualidade de **CONSULTOR DE IMPRENSA**, ele vai contestar a empresa, para identificar a real importância daquele assunto, seus pontos fortes e fracos.

A criatividade também fala mais alto. **SEGUIR O BÊ-Á-BÁ É POUCO** para as assessorias mais competentes. Seus profissionais, organizadíssimos, lêem dezenas de jornais e revistas nas primeiras horas da manhã, quando costumam se inspirar e ter o ***FEELING*** para detectar a melhor hora de trabalhar determinado tema. E não se atêm ao setor de atividade do cliente. Se a companhia mantém um bem-sucedido programa de incentivo interno, por exemplo, aí pode estar uma boa pauta de RH.

Para ter alguém assim, **ABRA AS PORTAS** da sua empresa, **NÃO OMITA INFORMAÇÕES** relevantes, seja prestativo, nomeie mais porta-vozes – sem essa de pedir um dia para responder uma entrevista se a matéria tem que ser concluída hoje. Mas para que o assessor chegue a tamanha perfeição, é melhor você arregaçar as mangas e vestir também a camisa dele.

As qualidades de um bom assessor de imprensa

INICIATIVA E ORGANIZAÇÃO. Sem estas qualidades, não há relacionamento que perdure e atendimento que sobreviva no universo da comunicação empresarial. Posso parecer radical, mas aqueles que já contrataram e trocaram várias vezes de assessoria de imprensa sabem a que estou me referindo.

Não basta encontrar um jornalista que escreva bem, bastante atencioso e com presença de espírito (ou uma dondoca linda de morrer). Esses predicados são insuficientes para sustentar qualquer relacionamento comercial de longo prazo.

Nos últimos anos, passaram pela Scritta inúmeros profissionais de comunicação. A maioria chega com muita boa vontade e dedicação, mas não dura três meses. Acaba sucumbindo pela falta de expediente diante da pressão rotineira do dia-a-dia ou de tantas tarefas a cumprir e controlar. Muitas vezes, dedica quase 100% de seu tempo a um cliente, enquanto outros dois estão abandonados.

Existem pessoas que reúnem a falta de organização e a ausência de bom senso. Por sua vez, um consultor de comunicação corporativa organizado e previdente vai longe.

Assessor de imprensa é também um estrategista

Construir uma **IDENTIDADE SÓLIDA** perante a sociedade não é tarefa fácil. Requer estratégias para fixar mensagens na mente dos clientes em potencial. Um das alternativas para a construção de uma marca respeitada é via **ASSESSORIA DE IMPRENSA**.

Engana-se quem pensa que as atividades de uma consultoria de comunicação se resumem a redigir textos e divulgá-los para a mídia. Há rotinas muito **MAIS AMPLAS** e **COMPLEXAS**, realizadas por profissionais articulados, dinâmicos e bem relacionados com a mídia. No entanto, muitas vezes esse trabalho não recebe a devida valorização.

O **PROCESSO DE DIVULGAÇÃO** – partindo-se do princípio que se trata de um assunto relevante – começa na reunião de *briefing,* quando o cliente passa informações para que o assessor possa trabalhá-las. Não adianta **OMITIR DADOS**. É importante que o assessor saiba de pontos fortes e fracos do tema para não ser surpreendido por um repórter mais contestador.

A segunda etapa é redigir o texto base, ou *release*, para a divulgação. E para quais veículos? Saber o objetivo a ser alcançado é fundamental para se definir o enfoque textual e as mídias a serem contatadas. Se o objetivo for melhorar a imagem da empresa no mercado, os trabalhos serão direcionados a editorias de negócios. Para atingir jovens, selecionar as publicações voltadas para esse público. Mas um assunto nem sempre tem enfoque único. Geralmente, é possível atuar em **DIVERSAS FRENTES**.

Identificar o **MELHOR MOMENTO** para divulgar um assunto também faz parte das atribuições do assessor. De que adianta agendar um evento e convidar a imprensa no mesmo dia da festa de lançamento de um produto da concorrência? É fracasso na certa.

Cabe ainda um último lembrete. Cada vez mais os veículos de grande porte dão preferência a matérias exclusivas, o que torna difícil conseguir simultaneamente espaços de destaque em dois jornais de circulação nacional. É bom refletir sobre a velha máxima: **"QUANTIDADE NÃO É QUALIDADE"**.

O cotidiano de um consultor de imprensa

Pode-se dizer que o assessor de imprensa é uma espécie de **PORTA-BANDEIRA** da imagem de uma empresa. Pode-se dizer ainda que a rotina varia muito pouco de uma assessoria para outra, mas se espera de uma consultoria do setor que use e abuse da criatividade para estabelecer estratégias de divulgação.

O dia-a-dia começa com o monitoramento das notícias do cliente e concorrentes publicadas nos principais jornais. O passo seguinte é a **ANÁLISE** da credibilidade das fontes consultadas, possíveis repercussões e espaços possíveis a serem explorados.

As tarefas de uma equipe de assessores de imprensa variam de acordo com as premências do cotidiano. Em linhas gerais, não fogem muito das atividades abaixo descritas:

1. **MONITORAMENTO** constante da mídia, a fim de identificar e aproveitar todas as oportunidades de posicionar a empresa e seus porta-vozes nas reportagens de interesse estratégico.
2. Reuniões com o cliente para amplo levantamento de temas de interesse estratégico, que serão transformados em **PAUTA NA MÍDIA** e contato pessoal para (re) definição da estratégia de divulgação.
3. Levantar informações e produzir comunicados de imprensa e **NOTAS PARA DIVULGAÇÃO**.
4. Contato freqüente com jornalistas para acompanhar a divulgação das informações enviadas.
5. **CENTRALIZAÇÃO** da demanda da imprensa. Orientar o cliente sobre todos os assuntos a serem tratados com a imprensa, perfil do jornalista e o contexto em que a reportagem estará inserida. Acompanhar as entrevistas agendadas.
6. Avaliação da **CONVENIÊNCIA DE PARTICIPAÇÃO** em reportagens, tendo como meta prioritária os interesses de comunicação.
7. Atender com rapidez e encaminhar as solicitações de entrevistas e informações da imprensa.
8. **CRIAR,** implementar e desenvolver produtos jornalísticos (*site*, jornais, murais, intranet, revistas etc.), que auxiliem na comunicação empresarial.
9. Preparo de **RELATÓRIOS** sobre as solicitações de cobertura de imprensa e atividades.

A questão da especialização (I)

A questão da especialização dos jornalistas é um debate constante em todas as redações e, por que não, também nas **ASSESSORIAS DE IMPRENSA**. A maior parte dos profissionais é "especializada em generalidades", um escritor que entende razoavelmente de vários assuntos, o que pode levá-lo a fazer matérias superficiais que pouco informam o leitor.

O fato é que o jornalista tem a **MISSÃO** de extrair do conjunto de informações de qualquer atividade aquilo que, segundo a linha editorial de seu veículo e a importância do fato, deve chegar ao conhecimento do leitor. Essa especialização também varia de publicação para publicação. As revistas técnicas, por exemplo, jamais mandariam a campo um novo jornalista para entrevistar um engenheiro químico envolvido com um processo de produção complicado.

Ao que parece, a questão da **ESPECIALIZAÇÃO** é "resolvida", de uma forma geral, quando o jornalista tem em mente o público que irá ler o conteúdo de suas matérias. Quando escreve para leitores advogados, por exemplo, no mínimo procurará fontes que ajudem a dar ao texto a confiabilidade, em termos de conteúdo, que ele certamente não teria. Se o público é variado, precisará ouvir a fonte tendo em mente as perguntas que o leitor faria se estivesse em seu lugar.

Na assessoria de imprensa essa **REALIDADE** é a mesma, com uma diferença significativa. Geralmente, com o passar do tempo, o jornalista torna-se um "conhecedor profundo" de produtos, serviços e técnicas do cliente que atende. Por outro lado, a necessidade de divulgar esse mesmo cliente para vários veículos faz com que ele tenha a oportunidade de modelar o texto de acordo com cada publicação.

O mais importante para esse profissional, de fato, é saber que para um jornalista não é fundamental a especialização, mas principalmente o acúmulo de informações nas diversas áreas do **CONHECIMENTO**. Agindo assim, ele terá grandes chances de estar preparado para enfrentar boa parte das situações que surgirem e se sair bem.

A questão da especialização (II)

Sempre que somos chamados a fazer uma apresentação do perfil de nossa assessoria e de nossos serviços, deparamos com uma preocupação. Muitas empresas com potencial para se tornar clientes procuram uma consultoria de **COMUNICAÇÃO ESPECIALIZADA** em seu segmento. Não digo que estão erradas. Ter foco é imprescindível. Ao mesmo tempo, verificamos um alto grau de insatisfação das empresas com as assessorias ditas especializadas. Ao analisar os resultados alcançados, aferimos que ficam abaixo do esperado.

Nós optamos pela **DIVERSIFICAÇÃO**. Deixamos a segmentação de lado (que é muito cômoda) para abraçar o desafio diário de descobrir soluções de divulgação para novos clientes, sedentos de resultados em mídias segmentadas ou não. Só temos aprendido e crescido muito com essa decisão. Conquistamos uma nova visão, que nos permite criar estratégias mais abrangentes, capazes de atender às necessidades de nossos clientes. Desse modo, ampliamos em gênero, número e grau nosso relacionamento com a imprensa por mais diversa que seja.

Certamente você poderá pensar: "Os executivos não podem perder tempo ensinando terminologia, linguagem técnica e conhecimento prévio de temas tão diversos em especialidades da medicina, da logística ou da tecnologia da informação". Partimos do pressuposto de que encontrar redatores especializados nas mais variadas áreas do conhecimento humano é fácil. Difícil é estabelecer e **CUMPRIR METAS.**

Outra dúvida refere-se à falsa idéia de que o relacionamento com a mídia de um segmento específico começaria do zero. Lembramos sempre que a matéria-prima do nosso trabalho com a imprensa é a boa notícia. A amizade com um grupo de jornalistas **NÃO PODE AFIANÇAR** a presença regular na mídia, que já sendo segmentada torna uma divulgação muito mais restritiva.

PENSE GRANDE. Busque profissionais que não tragam limites à divulgação de sua empresa. A importância econômica e social de seu empreendimento é muito maior que o mundinho segmentado em que ele atua.

Assessoria de imprensa e relações públicas (I)

Hoje existe nas principais cidades do Brasil uma profusão de assessorias de imprensa. Mas nem sempre foi assim. Na iniciativa privada, a **ATIVIDADE NASCEU** na década de 50 com a chegada de empresas estrangeiras – principalmente dos setores automobilístico e de higiene – que traziam a experiência de seus países de origem.

Naquela época, as ações de divulgação na mídia e a produção de publicações internas envolviam **PROFISSIONAIS DE RELAÇÕES PÚBLICAS** e de publicidade. Em geral, também eram encaminhados *releases* às redações por meio dos departamentos comerciais dos jornais. O fato desagradava e gerava antipatias entre os jornalistas.

Em 1961, na Volkswagen do Brasil, surgiu a **PRIMEIRA ASSESSORIA** de imprensa criada nos moldes que conhecemos. Entre as organizações privadas, a montadora foi a pioneira no trabalho de relacionamento planejado, sistematizado e permanente com a imprensa, com uma visão altamente estratégica.

O departamento era um braço da Divisão de Relações Públicas (que envolvia também a área de publicidade), mas com a diferença de ser comandado por **JORNALISTAS DE CARTEIRINHA**, que redigiam notas de dez linhas – extremamente bem focadas e inteligentes – para ocupar pequenos espaços que ficavam vazios na hora da diagramação das páginas da mídia impressa.

O objetivo não era divulgar produtos nem o nome da companhia. Os textos tinham a clara intenção de apresentar à imprensa o tema transporte pela ótica da **PRESTAÇÃO DE SERVIÇO** ao consumidor. A estratégia deu tão certo que, em pouco tempo, a Volkswagen tornou-se fonte dos meios de comunicação.

DEZ ANOS DEPOIS, nascia a primeira assessoria independente no Brasil – a Unipress – que existe até hoje. Conduzida pelos mesmos profissionais que criaram o departamento da montadora alemã no país, a empresa chegou a ter uma equipe de 45 jornalistas em 1975.

De lá para cá, milhares de profissionais de jornalismo implantaram consultorias de imprensa, criando as bases para um movimento de autonomia da atividade em relação à estrutura e às práticas das relações públicas.

Assessoria de imprensa e relações públicas (II)

Sabe a diferença entre uma assessoria de imprensa e a de relações públicas? Poucos sabem distinguir as atividades no Brasil. A assessoria de imprensa tem um perfil diferenciado, apesar de ser incluída entre as práticas de relações públicas. Ela estabelece, via imprensa, **CANAIS DE COMUNICAÇÃO** com o universo de interlocutores das empresas clientes.

Já as consultorias de relações públicas têm como foco e trabalho as verbas de patrocínio, publicações institucionais, eventos e a comunicação interna. Por conseqüência, há **MAIOR CONTROLE** sobre a mensagem final dirigida ao público-alvo. Às assessorias de imprensa cabe a árdua missão de conseguir espaço espontâneo para assuntos relacionados aos assessorados na área editorial (e não como publicidade paga) dos veículos de comunicação.

Ou seja, a mensagem trabalhada pelos assessores de imprensa passa pelo crivo de veículos e jornalistas especializados. Daí o **DOMÍNIO DE JORNALISTAS** de formação nas rotinas e atividades de assessoria de imprensa. Os profissionais mais descolados tiveram anos de estrada nas melhores redações brasileiras.

O desafio diário dos assessores consiste em motivar a mídia a pautar seu cliente (bem como seus produtos e serviços) como notícia e saber proceder com precisão, transparência e rapidez em situações de crise. Portanto, há **MUITAS VARIÁVEIS EM JOGO**: adequação da mensagem, percepção do assessor, linha editorial dos veículos, perfil dos jornalistas contatados, histórico de relacionamento entre a empresa e a mídia, existência ou não de interesses comerciais etc.

Por mais trabalhoso que seja, é esse o caminho trilhado por uma assessoria de imprensa que dá resultados. Isso sem falar na própria condução de processos em que **EGOS E VAIDADES** são acentuados pela relação de poder – de um lado, clientes sempre exigentes e desejando mais, e do outro, repórteres que se consideram paladinos da verdade.

Não existe mar de rosas

Quem inveja o trabalho do assessor de imprensa deve saber que o trabalho é muito mais intenso que pode parecer. Vive-se sob uma linha tênue em que ocorrem, muitas vezes, **INDISPOSIÇÕES** com equipes de reportagens – para **PRESERVAR O CLIENTE** – ou mesmo com os próprios assessorados, que ignoram orientações de seus profissionais de comunicação empresarial. Dependendo do segmento econômico de atuação da empresa contratante, conflitos são comuns e inevitáveis.

Na labuta diária das assessorias, é preciso um certo sexto sentido para se antecipar a determinadas **ARMADILHAS**. Jornalistas podem camuflar a pauta para pegar o entrevistado de surpresa. Fato muito comum, aliás, é o repórter procurar diretamente a empresa. Aqui uma **REGRA É OURO**, mas ignorada por muitos empresários: repasse toda e qualquer chamada da mídia para os assessores. Eles são pagos para filtrar e facilitar o trânsito de informações.

Muito comuns também são informações apuradas em *off* de fontes que o repórter julgou confiáveis. **ESQUIVAR-SE** nunca é uma boa saída. É sempre importante, por meio da assessoria de imprensa, dar um retorno ao jornalista, inclusive para não comprometer a imagem da empresa no mercado. Podem-se abrir novos horizontes para a pauta da imprensa, desde que haja instrumentos e documentação para abortar informações tendenciosas e descabidas.

São atribuições da assessoria de imprensa levantar a pauta, saber o enfoque da reportagem e **QUESTIONAR A APURAÇÃO** realizada pelo jornalista. Se ainda restar dúvidas, é essencial ser direto e explicitar as preocupações com o resultado, pois se trata de uma relação profissional e baseada na **TRANSPARÊNCIA**. Outra precaução sempre salutar: após a entrevista com o assessorado, o consultor de comunicação deve contatar o repórter, saber como sucedeu a entrevista e se dispor a enviar informações adicionais – se for o caso.

Vez ou outra, ainda, o assessor se vê embaraçado com o próprio **COMPORTAMENTO DO CLIENTE**. O que fazer quando ele se torna prolixo e não atende de forma evidente à expectativa do entrevistador? Com jeitinho, o empresário pode ser **INTERPELADO E RECONDUZIDO** ao foco da reportagem. Antenado e com habilidade para cruzar dados, o consultor de imprensa terá sempre em mãos o controle sobre a imagem da companhia.

Fidelidade, compromisso e confiança

Em vários anos de atividade ininterrupta e integral como assessor de imprensa, aprende-se a **PERSEVERAR**. Sem essa postura, não é possível manter atendimentos com resultados excelentes para os clientes – algumas vezes por muitos anos.

Não se trata de subserviência e sim de **COMPROMETIMENTO**. O condutor da política e estratégia de comunicação deve **SER FIEL** à empresa, seja na bonança, seja na crise. É como um casamento. A grande regra que rege a relação entre assessorado e assessor de imprensa é a **CONFIANÇA**.

No entanto, para adquirir credibilidade, respeito e espaço dentro e fora de qualquer organização, o assessor de imprensa não pode abdicar da verdade dos fatos e da ética. Tampouco basta ter domínio do que é notícia e saber como divulgá-la. Ou exibir em sua agenda contatos de primeiro nível com as principais mídias do país.

No dia-a-dia, é preciso muito **JOGO DE CINTURA** e se antecipar aos inúmeros problemas que surgem inesperadamente no processo de divulgação, com soluções corretas e plausíveis. Também é imprescindível ao consultor de comunicação posicionar-se de maneira firme e inequívoca diante das mais variadas demandas de executivos a quem se reporta.

Por último, um gestor eficiente sabe discernir informações relevantes de meros textos de propaganda simplória. Compreende **OMISSÕES LEGÍTIMAS** de interesse dos clientes e não vive de bajulação, no âmbito da empresa ou com a mídia, para se manter no cargo.

Práticas inadequadas de assessores

Separar o joio do trigo: esse é o árduo cotidiano dos jornalistas. Por isso, cada vez mais é vital que as assessorias de imprensa **FACILITEM** a vida dos colegas de redação. Por causa desse cenário, aquelas agências tradicionais, que funcionam como fábrica de *releases*, estão com os dias contados.

O advento do ***E-MAIL*** foi o grande facilitador da comunicação entre as agências e as redações, mas também o responsável pelo **ENTUPIMENTO DAS CAIXAS-POSTAIS** dos jornalistas, que são diariamente bombardeados por *releases*, sugestões de pautas e notas.

Algumas assessorias começaram a enviar seus comunicados livremente para qualquer editoria, causando uma série de comunicações **NÃO APROPRIADAS** para a seção ou linha editorial. Freqüentemente, os jornalistas confidenciam que recebem informações sem nenhuma **PERTINÊNCIA** em relação ao que cobrem.

É óbvio, ou pelo menos deveria ser, que a análise **CRITERIOSA** do *mailing* é condição *sine qua non* para a permanência de qualquer assessoria de imprensa no mercado. Mas a realidade não é bem essa, e os assessores "do passado" não aprenderam que é inútil fazer um texto para meramente **AGRADAR AO CLIENTE**, pois ele não terá repercussão alguma na mídia.

É importante que os assessores de imprensa se lembrem de que são jornalistas e devem escrever e raciocinar como tal. Os profissionais que atuam em comunicação empresarial devem vestir a "camisa do cliente" *full time* e preocupar-se também com o relacionamento com os colegas de redação. Se falhar com eles, a probabilidade de emplacar uma pauta é praticamente nula. Atendê-los com **ATENÇÃO, RESPEITO E AGILIDADE**, sem pensar apenas em seus interesses, é o mínimo que pode ser feito. Quem não compreender que o trabalho deve ser pautado dessa maneira, certamente estará fadado ao fracasso.

Plano de comunicação garante resultados

Sua empresa cresceu e a assessoria de imprensa surgiu como uma necessidade no seu dia-a-dia. Até aí, tudo caminha bem. Mas como definir em quais procedimentos investir para desenvolver seu potencial de comunicação? Para começar, é necessário acertar com os gestores de comunicação um **PLANO** para construir a imagem do negócio. Sem ele, todo o trabalho executado pode se perder em ações isoladas, sem foco e ineficazes.

O primeiro passo de uma boa assessoria é realizar uma espécie de **DIAGNÓSTICO DA IMAGEM** da empresa na mídia. Com o resultado, ficará mais fácil estabelecer uma estratégia para valorizar os pontos fortes da empresa e trabalhar as dificuldades da melhor forma. A medida garante segurança para adotar ações de urgência em uma crise ou emergência. Proporciona também uma relação de proximidade e **CONFIANÇA** entre os executivos e a assessoria.

Com as estratégias de trabalho definidas, chegou a hora de montar o **CRONOGRAMA DE TRABALHO**, com base nas mensagens-chave da organização. É importante deixar bem claro quando, onde e de que maneira a empresa deseja aparecer. Desse modo, a consultoria poderá focar nos veículos-alvo, procurando sempre alcançar os resultados esperados. **O IDEAL É DIVERSIFICAR** os temas sobre os quais a companhia e os porta-vozes podem ter pleno domínio. Isso permite um volume mais diversificado de aparições na imprensa.

Um **PLANEJAMENTO RICO** inclui ainda uma listagem de grupos de jornalistas e veículos estratégicos, que contempla encontros e visitas a redações como forma de incrementar relacionamentos. Com tudo no papel, o resultado é certo: sucesso e garantia de projeção e credibilidade da empresa.

Atendimento bom é atendimento completo

As agências de comunicação especializadas em assessoria de imprensa estão cada vez mais se modernizando. Ao contrário dos jornalistas alocados nas redações, o assessor de imprensa tem um perfil que se aproxima do executivo de negócios – porém com uma base técnica de comunicação. Um profissional mais completo, com **NOÇÕES DE RELAÇÕES PÚBLICAS, MARKETING E PUBLICIDADE**, capaz de conceber e executar uma estratégia de comunicação específica para cada cliente.

Essa mudança ocorre também pelo amadurecimento do setor e consolidação das agências na cadeia produtiva da notícia. A árdua função de elaborar boas pautas todos os dias, antes delegada aos pauteiros e produtores, ganhou o substancial reforço das assessorias. O profissional dedicado ao atendimento deve estar sempre **BEM INFORMADO**, ter **VISÃO GLOBAL** e habilidade para relacionar os fatos em evidência com a atividade do seu cliente.

É preciso também conhecer a **CULTURA DO CLIENTE**, acreditar e **INCORPORAR A VISÃO E A MISSÃO** da empresa. No entanto, a obrigação de procurar meios para saber tudo a respeito da empresa é do assessor, que deve ser **PROATIVO** e propositivo nas suas ações.

Lidar com o cliente é, na maioria das vezes, a grande dificuldade de um assessor de imprensa, principalmente se ele for originário de redações. A velha máxima de que o cliente sempre tem razão também vale neste caso, coisa difícil de um jornalista conseguir entender, uma vez que ele está acostumado ao **CONFRONTO E QUESTIONAMENTO**.

Mas ter razão não significa dizer amém. **OUVIR** o cliente é essencial, mas defender uma estratégia e contra-argumentar é parte do dia-a-dia dos assessores. Afinal, são **CONSULTORES DE IMPRENSA** que exploram seu conhecimento e sua rede de contatos para fazer a empresa virar notícia.

Como em toda relação humana, sobram cobranças e divergências de pensamento. Mas nada como pitadas de **CRIATIVIDADE E ENCANTAMENTO** para manter essa parceria em plena harmonia.

Reunião com cliente. Você está preparado?

Agendas conciliadas e está marcada a **REUNIÃO** com o cliente. Hoje é segunda-feira e o encontro será somente na quinta. Ou seja, você só precisa se preocupar com isto no fim de semana. Errado.

Para que reuniões de negócios sejam produtivas e gerem resultados, é de suma importância uma **PREPARAÇÃO** com pelo menos **UM DIA DE ANTECEDÊNCIA**. É necessário, por exemplo, enumerar as questões que serão abordadas e pensar em argumentos para reforçar suas idéias.

Fácil? Basta seguir algumas sugestões, como as listadas abaixo.

- Em primeiro lugar, estabeleça uma agenda e prepare a **PAUTA** a ser discutida. Mas nunca descarte a hipótese de abandoná-la se o cliente der outro rumo à prosa. Que tal montar um **PLANO B**?
- Se as pessoas são diferentes, elas tendem a absorver uma mensagem de forma diferente. Portanto, esteja ciente que o cliente pode reagir a algum tema e estabeleça **CONTRA-ARGUMENTOS**.
- Não conhece tudo sobre seu cliente? Elabore **PERGUNTAS QUE PODEM AGREGAR INFORMAÇÕES** a seu material de apoio.
- Novas atividades têm sempre novas implicações. Procure discutir uma **ESTRATÉGIA NA HORA**, quando o cliente está apto a auxiliá-lo. Não espere chegar ao escritório para pensar em algo.
- Lembre-se dos comportamentos que deixam as pessoas mais soltas e confortáveis em uma reunião. Faça **ASSOCIAÇÕES POSITIVAS**, demonstre **FAMILIARIDADE** com o tema em questão. Não se limite a falar certo, OK, sim..., como se estivesse entendendo tudo.
- Nunca é demais. **LEIA** sempre jornais e revistas para ficar **ANTENADO** com o mundo a seu redor. Da política econômica no Mercosul à vida cultural da cidade, tudo pode ajudar a trazer o cliente para o seu lado.
- Não importa se este é o primeiro ou o vigésimo encontro com o cliente. Ele deve ser tratado como se fosse sempre a primeira vez. É essencial **REVELAR ENTUSIASMO** e incentivar o surgimento de novas idéias.

Há quem diga que uma hora de planejamento pode poupar algumas de discussão e de execução. Acredite nisto.

A falta de comprometimento

Independente se é consumidor final ou pessoa jurídica, o que todo cliente busca ao adquirir um produto ou serviço é o **ENCANTAMENTO**.

Na gestão da comunicação não é diferente. Inicialmente, empresários que prospectam ou convivem com uma consultoria de imprensa não reclamam de textos mal redigidos ou de resultados incipientes na mídia. A **MAIOR QUEIXA** refere-se à falta de comprometimento de seus próprios assessores.

Por que será? Nos últimos anos, houve uma proliferação de assessorias de imprensa. No entanto, a formação de profissionais gabaritados não ocorreu na mesma proporção. A **FALTA DE MATURIDADE** e vivência no trato da comunicação como um negócio – seja de empresa pública ou privada – reflete-se no dia-a-dia da operação e em resultados aquém dos desejáveis.

Encontrar assessorias com equipes eficientes, pró-ativas e com textos de qualidade é **TAREFA ÁRDUA**. Raros são os profissionais de atendimento de assessorias de imprensa que lêem jornais regularmente. A juventude, que predomina nas consultorias do setor, trabalha sem refletir e de forma mecânica com uma **TÁBUA DE SALVAÇÃO**: o *mailing* fornecido por empresas especializadas.

A conseqüência é uma só. A **ALTA ROTATIVIDADE** campeia no relacionamento das assessorias de imprensa com grandes corporações ou mesmo com pequenas empresas. Relações comerciais duradouras no setor são raras. Falta a capacidade de **REINVENTAR** constantemente um trabalho que, por natureza, é de longo prazo.

FIDELIZAR um relacionamento requer empenho. É como um casamento. Bons e maus momentos se sucedem. A chama se mantém acesa se houver o compromisso de **REJUVENESCER A COMUNICAÇÃO** a cada dia.

Após a visita ao cliente: o pós-reunião

Com um planejamento prévio bem elaborado, a visita ao cliente foi bem-sucedida e o assessor de imprensa saiu de lá com uma gama de **NOVAS AÇÕES** para divulgar. Perfeito, mas você não parou para pensar no que fez de errado, no que poderia ser melhorado, se o transcorrer da conversa foi correto?

Essa é a única forma de um consultor de imprensa **SAIR DA ZONA DE CONFORTO**. Se você acha que o bom patrão é aquele que sempre cobra, o mesmo deve se aplicar ao assessor. Ele sempre deve fazer reflexões sobre a reunião. A **REDAÇÃO DE UMA ATA** com todos os pontos discutidos, comparada com o planejamento inicial levado para a visita, contribui bastante para essa auto-avaliação.

Se for necessário, é essencial **CONTATAR NOVAMENTE O CLIENTE** para checar aquele tópico que acabou esquecido. Por isso, a importância de documentar tudo o que foi falado e aquilo que ficou para trás. O bom atendimento deve carregar a pecha de ser um bom cumpridor de tarefas acertadas.

Essas medidas não devem ser tomadas somente em visitas e reuniões, mas em todos os contatos com os clientes – almoços, ligações telefônicas e até mesmo no simples envio de um *e-mail*.

COLOCAR TUDO NO PAPEL funciona. O assessor se torna seu próprio analista e faz qualquer cliente perceber seu **COMPROMETIMENTO**. Tal conduta deixará os planejamentos futuros ainda mais redondos e a reunião mais bem afinada. E o trabalho de relacionamento com a imprensa tende a andar de vento em popa.

Amigos, amigos, jornalistas à parte

Um almoço ali, um presente acolá, uma cervejinha e pronto. O assessor de imprensa não só conquistou a **AMIZADE** definitiva do jornalista, como também ganhou pontos preciosos na hora de divulgar uma notícia – por menos pertinente que ela possa parecer. A confusão está formada.

É claro que um **RELACIONAMENTO AMIGO** pode ser elemento fundamental para uma relação bem conduzida com a mídia. Mas poucos trabalhos sérios se sustentam apenas em torno da amizade. E se no dia seguinte ele sai daquele emprego? Ou será que você tem grandes amigos em todos os veículos de comunicação do país? Proximidade é sempre bom, mas **SEPARAR OS ASSUNTOS** é preponderante.

Hoje em dia, esses exemplos estão cada vez mais distantes da realidade. Mas ainda há assessores convictos de que podem **EXPLORAR A BENEVOLÊNCIA** do seu chapa para levar vantagem, aproveitando-se até da dificuldade dele em apurar novas pautas e em trabalhar numa redação enxuta. Pode ter certeza: isto só faz fechar as portas.

O assessor pode ter o círculo de amigos que desejar. Mas precisa ter a consciência de que, antes disso, atua como um **FACILITADOR**, com o compromisso de colaborar na **DISSEMINAÇÃO DE INFORMAÇÕES RELEVANTES** para o mercado e para a imprensa. Boa parte da mídia já tem esta consciência – prova disto é uma pesquisa realizada pelo Portal da Imprensa em parceria com o Maxpress e a Associação Brasileira de Jornalismo Empresarial (Aberje), apontando que 83% dos jornalistas acham que assessores ajudam o seu dia-a-dia. Sinal de mudanças no ar.

Lembre-se. O assessor **GARIMPA NOTÍCIAS**, pesquisa números e tendências para abastecer a mídia de matéria-prima, promovendo a entidade ou empresa que representa. Mas, como jornalista de formação, está capacitado a entender e **RESPEITAR A DINÂMICA DA IMPRENSA**, sabendo discernir o que é pauta e o que é mera perfumaria.

Para os assessores de sua companhia, fica a dica. Amigos são importantes e podem ajudá-los, formando um belo *network*. Mas jogue a **BAJULAÇÃO PARA ESCANTEIO**. Pode ser um almoço ali, uma notícia também ali. A cerveja fica para depois das 18h!

Garfadas e gafes nos almoços com a imprensa

Coloque-se na posição do presidente de uma companhia a caminho do **ALMOÇO COM UM JORNALISTA** da grande imprensa. Certamente ele imagina dividir a mesa com alguém **EXPERIENTE E TOMADOR DE DECISÕES** na publicação em que atua, e que tenha informações da empresa na ponta da língua. Articular tais encontros parece fácil, mas qualquer coisa que fuja a esse roteiro pode ser sinônimo de fracasso e decepção.

Não são raros repórteres "verdes" demais para trocar idéias com a fonte – muitos até se mostram desinformados e despreparados. Por isso, uma **SELEÇÃO CRITERIOSA** não só do veículo, mas também do jornalista convidado, é fundamental. Afinal, almoço não é entrevista, e sim o início de um **RELACIONAMENTO ESTREITO E SÓLIDO** com a mídia.

É grande o risco de um jovem profissional, mesmo com bom nível cultural e conhecimentos acumulados, não transmitir tanta credibilidade ao empresário. O que este espera é ver alguém do **MESMO NÍVEL** do outro lado – um editor, com poder para selecionar as pautas, um repórter mais graduado ou um especialista no setor de atuação da fonte.

Logo, nada melhor do que a assessoria de imprensa pesquisar o **HISTÓRICO DO CONVIDADO**. Caso ele não possa comparecer, procure jornalistas de hierarquia igual ou superior na publicação – daí a importância de, previamente, listar os nomes mais referenciais do veículo. E quando da própria publicação partir a indicação de um repórter mais novo? Nesse caso, adiar pode ser o melhor caminho.

Mas se a intenção é realmente evitar imprevisto e ajudar a preparar o jornalista, a dica é enviar por *e-mail* um ***KIT* DE IMPRENSA**. Sim, a ficha técnica e as últimas notícias da empresa, seu perfil e dados do setor. Na hora H, complemente esse material com um CD de imagens. Pronto: o sucesso de seu encontro com a imprensa será quase certo. Bons resultados e bom apetite!

As aparições na mídia são mensuráveis? (I)

Ninguém mais questiona a importância da assessoria de imprensa como ferramenta de divulgação de uma empresa. Também não restam dúvidas sobre a necessidade de se criar uma rede de relacionamentos com a mídia para ganhar visibilidade e reconhecimento de uma marca ou divulgar serviços e produtos. O que ainda gera muita discussão é se as eventuais exposições são **MENSURÁVEIS**.

Os **CONTEÚDOS JORNALÍSTICOS** – notas, comunicados, matérias, entrevistas – produzidos por uma boa assessoria não são pagos nem inseridos em espaços e conteúdo previamente estabelecidos. Sem essa função comercial, torna-se difícil medir de forma precisa o efeito de uma divulgação. A diferença começa com a **EXPECTATIVA** que a empresa cria. Não se deve esperar um expressivo crescimento nas vendas por meio de uma simples reportagem. Uma aparição na mídia visa, acima de tudo, a informar, e não a sensibilizar o público-alvo para um fim específico, como ocorre na publicidade.

Imagine uma assessoria de uma rede de hotéis. Se a matéria sobre um novo empreendimento sai na capa de um caderno de turismo, certamente haverá um aumento no número de hospedagens. Mas não é esse o objetivo principal. O resultado fundamental é a divulgação da imagem do hotel, a abrangência da reportagem, o testemunho do jornalista que visitou o local, a **REFERÊNCIA** do hotel para futuros turistas, tudo isso impossível de traduzir em números.

Calcular o **TAMANHO OU O TEMPO** que a matéria ocupou (centimetragem ou minutagem) e compará-los ao valor de um anúncio publicitário de iguais proporções são alternativas para que a divulgação seja mais bem analisada. Trata-se, porém, de mera referência numérica, pois cada divulgação, independentemente de sua grandeza, colabora decisivamente para a formação de uma imagem ideal.

As aparições na mídia são mensuráveis? (II)

Todas as empresas que investem em algum tipo de divulgação na mídia, seja publicitária, seja editorial, são capazes de reconhecer os **RESULTADOS DESSA EXPOSIÇÃO**.

Em uma sociedade de massa, é impossível imaginar o sucesso e a permanência de um produto no mercado sem publicidade. Os **ANÚNCIOS** têm fácil mensuração, pois apresentam espaço, formato e conteúdo definidos. As agências de publicidade possuem inclusive ferramentas para medir a performance comercial de uma campanha, a ponto de saber o tamanho de sua aceitação.

Já a veiculação de notícias empresariais em espaços editoriais não pode ser avaliada da mesma forma. As reportagens objetivam informar, mostrar todos os ângulos dos fatos e, por isso, não vendem diretamente produtos ou serviços. O motivo é óbvio. **COMO MENSURAR** a aparição na capa de um caderno ou uma grande entrevista com um executivo da sua empresa?

O principal resultado de um trabalho sério de assessoria de imprensa é a **CONSTRUÇÃO DE UMA MARCA** ou imagem institucional para que milhares de consumidores, fornecedores e formadores de opinião passem a conhecer com detalhes um produto ou uma empresa, comentando inclusive com outras pessoas.

Mesmo ao analisar os famosos **INFORMES PUBLICITÁRIOS**, que têm cara de matéria jornalística, não se consegue aferir com precisão um retorno comercial associado à sua publicação. Trata-se de uma ferramenta de marketing de longo prazo. Mas todo mundo sabe que uma notícia negativa pode destruir uma marca em segundos, e o esquecimento de um fato ruim demanda muito tempo.

No entanto, as assessorias de imprensa utilizam alguns parâmetros para calcular o tamanho ou o tempo que a matéria ocupou na mídia e fazem uma referência ao valor de um anúncio de igual proporção. Porém, sabemos que o espaço editorial tem maior abrangência, relevância e **PODER DE PERSUASÃO** que os espaços publicitários.

Dicas para mensurar resultados de mídia

O conjunto das publicações naquele mês foi numericamente satisfatório, mas sem nenhuma divulgação em um grande veículo. Ou você prefere ter uma bela reportagem de expressão nacional, mas com outras míseras divulgações? Para responder a essa questão, aprenda antes a **AVALIAR** os resultados e o retorno de mídia para a **CONSOLIDAÇÃO DE SUA MARCA**.

Existem duas possibilidades, a análise **QUANTITATIVA** e a **QUALITATIVA**. Para se chegar à primeira delas, as notícias publicadas pela imprensa são recortadas e estima-se a área de cada publicação na base do **CM X COLUNA** para jornais ou tamanhos de anúncios de revista (1 página, ½ página etc.). O **VALOR** desta medição (chamada de centimetragem) é estimado com base nos preços de tabela de cada veículo, para atestar quanto **CUSTARIA** a matéria caso ela tivesse que ser paga.

Para se ter uma **AVALIAÇÃO** mais real dos resultados, o cliente pode fazer uma comparação do valor pago nos serviços da assessoria de imprensa, e até mesmo, na preparação de *kits* de imprensa, com o "preço" da **MATÉRIA PUBLICADA**, normalmente algumas vezes maior. Desta forma, pode-se ter uma idéia se o esforço realizado foi **COMPENSADOR** ou não.

No caso das notícias veiculadas em **RÁDIO E TELEVISÃO** a avaliação funciona da mesma forma, **GRAVANDO** o material que é publicado. Para estimar o valor é utilizado o preço de tabela do comercial de 1 minuto, frações de 15" ou 30".

Mas para uma boa mensuração, uma reflexão é essencial. A página em um jornal que circula apenas regionalmente não se equipara a **TRÊS LINHAS** de *O Globo*, lidas por quase 300 mil pessoas, justamente as que você queria atingir.

Com isto será possível ter uma visão mais concreta da sua imagem junto à imprensa. Olho na régua, nos números e também na qualidade. E bons resultados!

Importância do *clipping*

Recortar jornais e revistas, fazer gravações de áudio e vídeo, selecionar *links* da internet... À primeira vista, a atividade de *clipping* pode parecer um **EXERCÍCIO DE VAIDADE.** Porém, trata-se de um elemento indispensável para nortear os trabalhos da própria empresa e de sua assessoria de imprensa.

A leitura dos jornais e a seleção de notícias ligadas à área de atuação da companhia – tarefa de empresas especializadas ou da própria assessoria – devem ser das primeiras atividades do dia. Dessa forma, o empresário tem acesso rápido e direto a um **PANORAMA DO MERCADO** e permanece informado sobre o que acontece em seu setor.

Basicamente, existem dois tipos de *clipping*. O primeiro deles, essencialmente **INFORMATIVO**, acompanha notícias da própria empresa e dos concorrentes diretos. Mais elaborado, o *clipping* **INTERPRETATIVO** abre espaço para uma análise dos rumos da mídia, aproveitando dicas que surgem para adaptar ou redefinir estratégias de comunicação, especialmente em momentos de crise.

O mais comum é as assessorias contratarem empresas especializadas em *clipping*. O trabalho delas permite o agendamento do envio do material selecionado – que pode conter matérias de jornais e revistas, registros de áudio e vídeo ou mesmo uma listagem de *links*. Esse serviço pode ainda eleger mídias específicas – as **MÍDIAS *TARGET*** – prioritárias para o cliente. O *clipping* funciona como um **TERMÔMETRO** para aferir a presença da empresa nos veículos de comunicação.

Ao saber da importância dessa ferramenta e aproveitá-la, é possível produzir **ANÁLISES EXCLUSIVAS** e de **GRANDE VALOR**. Em um futuro próximo, isso servirá para que sejam planejadas estratégias de comunicação de longo prazo. Fique de olho!

De olho no *clipping* eletrônico

Onde, quando e como cada informação de sua empresa está sendo divulgada? Notícias em um jornal aqui, uma revista acolá, mas na internet, no rádio e na TV? Para **MENSURAR SUA APARIÇÃO** nesses meios, você não precisa perder tempo pesquisando um sem-número de *home pages* ou ficar 24 horas com olhos ou ouvidos alertas.

Empresas especializadas em *clipping* eletrônico podem fazer isso por você. Com uma **COLETA SELETIVA**, inclusive da concorrência e de seu mercado de atuação, auxiliam a companhia a ter uma **VISÃO MAIS PRECISA**, e em tempo real, do resultado do trabalho da assessoria de imprensa. Mas tal tarefa não é das mais simples.

Informações como nome do veículo, da editoria ou do programa, página ou horário são peremptórias para uma **ANÁLISE ACURADA** do material divulgado. Não basta constar a menção ao programa *Em Cima da Hora*, da Globonews, exibido praticamente durante todo o dia, sem a hora exata em que a empresa foi citada. E na hipótese de uma crise com envolvimento da companhia, que não pára de pipocar no noticiário de diferentes formas – com dados preliminares, extra-oficiais ou muito detalhados?

Na pesquisa de *sites*, a metodologia deve ser a mesma. É essencial conhecer com **EXATIDÃO** quando a notícia foi inserida e o tempo que permanece no ar. Devem ser selecionados também os ***LINKS* RELACIONADOS**. Notas têm de ser apresentadas em todo seu contexto – isto é, com a publicação da coluna integral em que foram divulgadas.

Imagine o impacto da divulgação em uma grande **AGÊNCIA DE NOTÍCIAS**. Em pouco tempo, ela estará em diversas outras páginas e até em emissoras de rádio. Às vezes, pode ser mais vantajoso figurar em uma Agência Estado, que dissemina conteúdo *online* por todo o país, do que no Estadão – nem sempre acessível a todas as regiões. Vai deixar essa *clipagem* escapar?

Até mesmo a atividade de *clipping* requer planejamento estratégico. Afinal, só é bom contar para todo mundo quando se sabe o que está sendo contado.

Os equívocos dos recortes

A **SELEÇÃO DE NOTÍCIAS** de sua companhia na mídia pode parecer uma atividade simples. Mas até empresas especializadas dão suas derrapadas por falta de **CUIDADOS PRIMÁRIOS**. Por meio da assessoria de imprensa, você tem o direito de observar e cobrar um trabalho mais apurado. Mas que erros são esses?

Um dos equívocos mais comuns é enviar ao cliente somente as matérias internas, **IGNORANDO AS CHAMADAS DE CAPA**, do caderno ou os destaques existentes nos sumários da publicação. Mesmo se não houver menção à empresa, isto **ADICIONA VALOR À NOTÍCIA**. Coloque-se no papel de uma companhia aérea que bancou a viagem de um jornalista para um de seus destinos. Já pensou ela receber só a página em que seu nome apareceu, sem saber que a reportagem foi lembrada na capa?

Para piorar, algumas empresas de recortes abusam da tesoura. Separam apenas a nota do cliente, **DESCONTEXTUALIZADA DA COLUNA** em que foi divulgada. Isto mesmo, uma notícia ao lado pode contrapor à sua de alguma forma e você nem terá acesso a ela. Assim, você não consegue enxergar qual o tom da matéria (positivo ou negativo?) e a intenção do editor. E se seu concorrente aparecer com mais destaque?

Quantos times de futebol têm América como nome? Na imprensa não é diferente. De Norte a Sul, há sempre um Jornal do Commercio. No interior, o que não falta é Jornal da Cidade. A clipagem geralmente cai nessa armadilha e **IDENTIFICA O VEÍCULO DE MANEIRA IMPRECISA**. Não citar a cidade e o estado da publicação pode se constituir em grave erro. O dia, a página e o caderno em que a matéria está inserida também são de imprescindível importância para a correta seleção do material.

Auditoria de opinião e imagem

OUVIR É PRECISO! Essa máxima deve ser seguida para um bom relacionamento com a imprensa. Além de divulgar as notícias dos clientes, as consultorias de imprensa também têm o importante papel de colher dos jornalistas opiniões sobre os assessorados ou do setor em que atuam. Por quê? É essencial entender como os profissionais da notícia processam as informações que recebem.

Para obter tais dados, é necessário cultivar a **PARCERIA**, uma boa dose de **FRANQUEZA** e muito **PROFISSIONALISMO**. É claro que o jornalista tem o direito de se preservar e nem sempre está aberto a exteriorizar opiniões. Porém, cabe ao profissional de comunicação empresarial fomentar esse intercâmbio e identificar as melhores formas de abordagem.

Os resultados das informações coletadas servirão de base para a formulação de **ESTRATÉGIAS DE IMAGEM**. O que é isso? Uma radiografia completa do que a mídia pensa e quais as demandas que ajudarão a adequar ou reposicionar a boa imagem para a organização. O estudo também serve para quebrar barreiras ou resistências que, porventura, a imprensa possa ter em relação aos temas que envolvam a companhia.

É um erro julgar o jornalista apenas como um crítico. Muitas vezes, uma boa conversa do assessor com a mídia gera a **OPORTUNIDADE** de noticiar as ações da empresa de forma positiva. Os contatos regulares proporcionam ainda a formação de laços de **CONFIANÇA**, fundamentais para que você seja sempre uma **FONTE** de consulta dos jornalistas e, conseqüentemente, notícia sempre em pauta nos meios de comunicação.

Como trabalhar uma notícia exclusiva (I)

Quem não gosta de receber uma **NOTÍCIA EXCLUSIVA** e, ainda por cima, em primeira mão? Além de dar a sensação de importância, esse deferimento confere ao jornalista posição de destaque perante seus colegas de profissão. A publicação em que o repórter trabalha também ganha prestígio. Posiciona-se diante dos leitores como bem articulada com os principais protagonistas dos fatos noticiados.

Esse desafio dado ao profissional do jornalismo pode ser um importante **TRUNFO** para fazer qualquer fonte conquistar bons espaços na mídia – de forma anônima ou não. Uma informação exclusiva, ou um **FURO** (para utilizar o jargão das redações), garante um espaço privilegiado no veículo escolhido.

Mas o que pode ser considerado um “furo”? Essa é uma discussão complexa que até a imprensa ainda avalia. De modo geral, um **FATO NOVO E DE GRANDE RELEVÂNCIA** desperta interesse e pode virar notícia em diversas mídias concorrentes.

No entanto, é importante lembrar: na hora de **ESCOLHER** que meio de comunicação privilegiar, deve-se levar em conta alguns pontos. Mesmo sendo o primeiro a saber, um veículo não publicará uma notícia que não atenda plenamente ao seu perfil editorial. Tampouco a divulgará no dia seguinte. Só o fará após apurar a procedência das informações.

Por isso, não se pode esquecer do **FOCO** de divulgação. É sempre bom ter em mente: **PRIVILEGIAR** uma mídia em detrimento de outra é uma alternativa que merece ser estudada com cautela. Por meio do trabalho da assessoria de imprensa, nenhuma informação chega a determinado veículo sem **ANÁLISE PRÉVIA DE RETORNO**, tanto no que diz respeito à veiculação como no âmbito de relacionamento com a imprensa.

Como trabalhar uma notícia exclusiva (II)

Quem não adoraria ver seu novo lançamento ou ação comercial tanto nas páginas do *Valor* como nas da *Gazeta Mercantil*, nas de *Veja* e também nas de *Época*? Voltando à realidade, só uma notícia de impacto ou de grande interesse da população poderia concretizar esse sonho. Bons jornalistas caçam acima de tudo a informação com **EXCLUSIVIDADE**, um fato inédito ou contado de um ângulo completamente diferente.

No competitivo mundo dos veículos de comunicação, publicar aquilo que o concorrente não sabe tornou-se quase uma palavra de ordem. Se o jornalista descobrir que o veículo rival também tem conhecimento do fato, a divulgação cai por terra. Exclusividade exige relação de **CONFIANÇA** absoluta entre a fonte e o profissional de imprensa.

A revista *Exame* não pode entender a notícia como exclusiva se ela está nas mãos da *IstoÉ Dinheiro*. O mesmo se aplica a veículos regionais que concorrem em vários estados brasileiros. Essa conduta – nada **TRANSPARENTE** – pode fechar as portas para sua companhia. Muitas vezes, até a divulgação em uma rádio ou TV de grande audiência pode comprometer a exclusividade prometida a um jornal diário.

Isso, porém, não dá ao empresário poder de barganha. O jornalista pode ter os fatos em primeira mão, mas isso não o condiciona a anunciá-los já na próxima edição, porque deve haver uma checagem mais apurada. É preciso ter calma: o repórter tratará essa informação como "ouro", a notícia de seus sonhos sairá com destaque e você construiu um ótimo relacionamento com o entrevistador. Quer combinação melhor?

Segredos de uma boa pauta (I)

Qualquer um que estabeleça relação com a mídia precisa compreender o conceito de **PAUTA** – um termo muito utilizado em redações, assessorias de imprensa e empresas que zelam por sua comunicação. De modo prático, ela pode ser traduzida por **IDÉIA PURA E SIMPLES**. Para ser o ponto de partida na produção de uma reportagem, a "idéia" deve ser percebida com facilidade e ter forte apelo no universo noticioso.

As informações básicas servem de **MATÉRIA-PRIMA** para o trabalhador da notícia. Mas quem é responsável pela aprovação de uma pauta? Normalmente, as redações contam com pauteiros que têm a função de avaliar os temas. Há, no entanto, a tendência de que todos os profissionais da redação levantem as próprias pautas.

Cada veículo estabelece o perfil da pauta tida como prioritária. Como a oferta de assuntos é enorme e há uma infinidade de publicações a ser exploradas, o assessor precisa ficar atento aos dois lados – empresas e jornalistas. Conhecer a **LINHA EDITORIAL** do veículo é essencial e evita gafes irreparáveis. Ter domínio sobre a informação é um elemento-chave para "convencer" o jornalista de que o assunto é interessante. Não basta ser bom, tem de parecer bom.

Mas até que ponto o assessor influencia no processo? É ele quem tem o papel de **AGENTE FACILITADOR** nas redações, cada vez mais enxutas e com menos verbas. Sugerir com precisão e usar o bom senso costuma funcionar. Não adianta insistir e oferecer sugestões que nada mais representam do que marketing disfarçado. Os jornalistas estão sedentos por informações objetivas, claras e frescas. A **EXCLUSIVIDADE** é um grande chamariz para a imprensa.

Estar atento ao factual é de extrema relevância para as empresas e seus assessores, mas alguns **TEMAS ATEMPORAIS** sempre podem chamar atenção. Matérias "frias" ganham ibope nas redações em tempos de calmaria. Mas a recomendação é **SEMPRE INOVAR**, no assunto ou na abordagem. E mais importante: com a profusão de *e-mails*, as caixas-postais lotadas, o **DIÁLOGO FRANCO** com editores e pauteiros continua a inspirar muito mais confiança.

Segredos de uma boa pauta (II)

Para determinar o que pode virar uma matéria ou ser descartado em uma reunião de pauta, esqueça os critérios científicos. Na verdade, existe uma série de **VARIÁVEIS** que, se bem conduzidas, podem fazer com que os repórteres ou editores se empolguem mais ou menos com o tema.

Primeiro ponto essencial: o assunto proposto pelo assessor de imprensa deve atender à linha editorial da publicação. Não há nada pior para um editor de economia do que receber uma sugestão de pauta totalmente adequada a uma coluna social. **O PÚBLICO-LEITOR** também é fundamental na determinação do que se publica em cada veículo.

A pauta ou abordagem do tema deve ser **INÉDITA**. Um assunto já saturado por tanta exposição em outros veículos é desanimador. Nenhum jornal ou revista quer fazer uma matéria que pareça "requentada". Uma oferta exclusiva é sempre um chamativo interessante.

A sugestão de pauta deve ser **ORIGINAL** e suficientemente didática para que o leitor comum possa entendê-la. Perder tempo tentando decifrar uma proposta é inviável para a rotina corrida das redações. As fontes também devem ter credibilidade e dominar o tema. Quando o repórter percebe que o entrevistado está titubeante ou inseguro ao dar informações, o jornalista pode reduzir o espaço dedicado ao assunto ou até mesmo procurar outras fontes.

Essas são algumas das situações que vão definir o grau de entusiasmo com o tema. Elas não precisam ser seguidas à risca, claro, desde que o bom senso prevaleça. O mais importante é que esses cuidados serão **DECISIVOS** no instante em que as propostas forem colocadas na mesa.

Notícia *versus* não notícia

Notícia *versus* não notícia? Entre Grazi Massafera e os indicadores preocupantes da economia, qual fato você escolheria para ilustrar quatro páginas de *Veja*, ser manchete nos principais jornais do país e ocupar o horário nobre da televisão brasileira? As chamadas **NÃO NOTÍCIAS** – futilidades, boatos, dossiês, celebridades – ocupam cada vez mais, na grande imprensa, espaços que deveriam ser utilizados para veicular fatos puramente jornalísticos.

Com tanta coisa boa (e ruim também) acontecendo no universo brasileiro, deve-se questionar o destaque e a cobertura distorcida dados pela imprensa a diversos segmentos. É importante refletir sobre o porquê de o noticiário estar restrito ao eixo São Paulo, Rio de Janeiro e Brasília na grande imprensa – que acaba inclusive sendo reproduzido **SEM REFLEXÃO** por diários estabelecidos longe dessas capitais. Raramente aparece em rádios, jornais e revistas semanais de cobertura nacional o que acontece em Porto Alegre, Recife, Manaus ou Campo Grande.

Há um mundo de boas notícias e de empreendedorismo Brasil afora que, por **FALTA DE ORGANIZAÇÃO**, iniciativa e estratégia dos próprios agentes, não consegue furar nem se ver retratado nas páginas e coberturas da grande mídia. A inadequação do espaço conquistado pela inocente (ou esperta?) Grazi e a mesmice noticiosa do jornalismo brasileiro demonstram essas imensas possibilidades.

Outro bom exemplo saiu no caderno Folha Equilíbrio, da *Folha de S.Paulo*, na edição de 26 de fevereiro de 2005. O suplemento dedicado à saúde publicou uma reportagem de duas páginas sobre a cachaça. “O tom excessivamente promocional a aproxima mais da **PUBLICIDADE SUBLIMINAR** do que do jornalismo”, disse o próprio *ombudsman* da *Folha* em sua coluna alguns dias depois. Ponto para os mentores de marketing contratados por produtores, exportadores e distribuidores.

No Brasil, há carência generalizada de boas pautas e novas fontes. As possibilidades de se tornar notícia passam obrigatoriamente pela organização de pequenos e médios empresários, que podem renovar o discurso vazio de muitos atores e personagens criados pela própria imprensa.

Uma boa foto fala muito

Garantir a boa imagem e **VISIBILIDADE** do cliente. Esse é o papel do assessor de imprensa. Mas essa atribuição não se restringe à produção de material de qualidade, com **INFORMAÇÕES RELEVANTES**, interessantes e atualizadas. É necessário ter em mente que um bom **BANCO DE IMAGENS** é uma carta na manga que deve ser aproveitada sempre que possível. Para isso, escolher um bom profissional para fazer as fotos é o primeiro passo.

Dar o ***BRIEFING***, ou seja, passar o maior número de informações e da forma mais clara é o segundo passo. Em caso de sessão de fotos, o assessor deve sugerir e orientar tanto o cliente quanto o fotógrafo sobre as várias possibilidades de poses. Vale o "**BONECO**", no qual se faz o corte na altura do umbigo; "**PLANO AMERICANO**", com corte na altura da cintura e o "3X4", que mostra o rosto e parte do peito. Apesar de os mais utilizados serem os dois primeiros, é interessante ter imagens de vários tipos. Além disso, o assessor deve, sempre que possível, sugerir poses e ângulos nos quais se possa **IDENTIFICAR**, de forma sutil, a que empresa pertence "a pessoa da foto".

A **ORIENTAÇÃO** para o fotógrafo deve se estender também no caso de **EVENTOS**. Como muitas das fotos serão utilizadas para uma **DIVULGAÇÃO POSTERIOR**, deve-se indicar as pessoas mais importantes a serem retratadas, com seus respectivos cargos e funções. Muito importante nesse caso é orientar o profissional para que não coloque mais que quatro pessoas numa mesma fotografia. Isto cria dificuldade para escrever a legenda com nome, cargo e empresa.

Assim, com orientações básicas, o banco de imagens ficará sempre suprido de boas fotos que falarão muito bem do cliente.

Crie um banco de imagens

Quando o assunto é divulgação de sua empresa à mídia, uma **BOA FOTO** pode fazer muito por você. Não só aumenta as chances de sua matéria ser publicada como também faz a mensagem pular do papel. Isto mesmo. É fundamental montar seu próprio **BANCO DE IMAGENS** para atender a imprensa a qualquer momento, até porque, com as publicações cada vez mais enxutas, o uso de fotógrafos do veículo tem se tornado artigo raro.

No entanto, você já gastou dinheiro com imagens para a imprensa e elas não foram aproveitadas? O problema com fotos de prospectos é que elas não têm "vida" suficiente para ser publicadas. Nada daquelas fotos de aniversário. Recorra a um **FOTÓGRAFO PROFISSIONAL** para conseguir a qualidade necessária.

Com tudo pronto, é hora de escolher **QUAIS FOTOS ENVIAR**. Escreva uma legenda que resuma a matéria. Confira que tipo de imagens o veículo usa – colorida ou preto e branco, por exemplo – e encaminhe a que mais se encaixa no padrão do veículo. Para remetê-las por *e-mail*, uma dica é armazená-las em *links*, para não pesar na caixa postal do destinatário.

Tente **SER ORIGINAL** na hora de tirar a fotografia. Em fotos com estilo de passaporte, as pessoas ficam sem charme. Usar **TÉCNICAS COMPUTADORIZADAS** não é uma má idéia e pode esbanjar criatividade. Para tirar fotos com muitas pessoas da empresa, vale marcar um evento específico e convocar todos. Assim, sem gastar muito, está montado seu álbum profissional. A imprensa agradece.

Coletiva de imprensa (I)

Atualmente, convocar uma coletiva de imprensa faz todo e qualquer assessor de imprensa tremer. Com exceção do primeiro e do segundo escalão do governo, que têm a imprensa a seu dispor, até mesmo as altas fontes empresariais enfrentam cada vez mais a **PRESENÇA RARA** e **DIFÍCIL** da mídia em eventos do gênero.

Para pequenos e médios empresários, com marcas pouco ou nada posicionadas no mercado, a frustração é maior ainda. O comparecimento de jornalistas é sempre reduzido, o **RETORNO, PÍFIO**, e o investimento, caro.

Os custos não são baixos: contratação de uma assessoria de imprensa, produção de material, locação de um espaço atraente, despesas com alimentação, bebidas e equipamentos. Até o custo/hora dos executivos deve ser computado em um evento com quatro ou cinco repórteres de **PUBLICAÇÕES DE POUCA EXPRESSÃO.**

O mais lógico atualmente é oferecer pautas exclusivas para a mídia-alvo e considerada nobre. Com o seu lançamento ou depoimento, não espere a cobertura da TV Globo, as páginas amarelas de *Veja* ou um belo perfil e fotos na revista *Exame*.

Mais um toque. **NÃO ACREDITE** nos messias de comunicação corporativa que prometem milagres. Eles não acontecem.

Coletiva de imprensa (II)

A necessidade de redução de custos nas empresas também atinge veículos de comunicação. Com um número cada vez mais restrito de repórteres e o volume de trabalho que não pára de crescer, a participação de jornalistas em coletivas de imprensa está cada dia mais inviável. Por incrível que pareça, há hoje grandes grupos jornalísticos que pararam de fornecer transporte, e nem reembolso de despesas de locomoção fazem aos repórteres.

Por isso, é fundamental ser bastante **CRITERIOSO** na hora de marcar um evento do gênero. A primeira e mais importante recomendação: uma coletiva só deve ser motivada por assuntos de grande relevância e **INTERESSE PÚBLICO**. Uma nova política de remuneração de funcionários pode ser revolucionária para o cotidiano da empresa, mas jamais justifica uma conferência de imprensa, como também se denomina esse evento.

O que dizer, porém, de uma parceria comercial de impacto ou um lançamento pioneiro no seu setor? Nesses casos, é melhor iniciar os preparativos. Outra dica essencial: reúna o máximo possível de textos e informações em um ***KIT* DE IMPRENSA**. Com um material completo sobre o tema em mãos, preparado pela assessoria de imprensa, os jornalistas terão mais facilidade para formular perguntas e menos tempo a perder.

Por falar em tempo, lembre-se de que a **PRESSÃO DO RELÓGIO** persegue a imprensa. A dica é programar as coletivas antes das 15 horas, o que permite ao jornalista retornar à redação a tempo de encaminhar a matéria para veiculação no mesmo dia ou no dia seguinte. Evite ainda as primeiras horas da manhã – o ideal é sempre depois das 11 horas, pois muitas publicações ainda estão planejando as pautas do dia ou nem sequer iniciaram suas atividades.

Dê atenção para as **DATAS DE FECHAMENTO** das publicações. Nem pense em chamar a imprensa no dia em que os dois veículos mais importantes para seu trabalho nunca poderiam estar presentes! E cuidado com as sextas-feiras – impossível para as revistas semanais de circulação nacional, além de muito utilizadas para adiantar as edições do fim de semana.

Vale a pena uma coletiva *on-line*?

Com as redações cada dia mais **ENXUTAS**, a expressão coletiva de imprensa vem provocando **CALAFRIOS** em assessores de comunicação e diretores de empresas. Afinal, a falta de pessoal faz com que chefias de redação releguem tais eventos a segundo plano, decepcionando companhias ansiosas por anunciar novidades a um grande e seleto público de jornalistas.

Porém, resurgiu uma **FERRAMENTA PERFEITA** para devolver a esses eventos o prestígio do passado: as **COLETIVAS *ON-LINE***, gerenciadas por fornecedores especializados. Mas as coletivas pela internet funcionam mesmo?

Sem dúvida essa tecnologia contribuiu para **DERRUBAR FRONTEIRAS**, que impediam um veículo de realizar uma cobertura em outra cidade ou estado. A nova fórmula trouxe ganhos de tempo para toda a cadeia produtiva (empresa, assessores de comunicação e imprensa), facilitando a vida de quem vai escrever a matéria e o contato entre empresários (fontes) e reportagem.

Sim, os profissionais de imprensa mais conservadores relutam em participar de uma entrevista mediada por um teclado ou monitor. Mas, de modo geral, as coletivas *on-line* funcionam bem quando o assunto em divulgação tem **IMPACTO PARA O GRANDE PÚBLICO** e a empresa ocupa posição de destaque no contexto nacional ou internacional. Que editor ou jornalista especializado vai deixar de se conectar a um pronunciamento do presidente de um grande grupo empresarial?

Nas pequenas e médias, entretanto, a solução não consegue "fisgar" repórteres na frente do computador. As razões são várias: a principal é a própria falta de atração e importância perante a opinião pública. Para essas companhias, também é imprescindível conhecer e criar um relacionamento com a reportagem que cobre seu setor de atuação. **NADA SUBSTITUI O OLHO NO OLHO** ou a troca de cartões. Outro detalhe: uma coletiva *on-line* geralmente custa mais caro que alugar uma sala em um bom hotel.

Press kit como cartão de visitas

Mais do que um invólucro de informações, o *press kit* é a **BASE** utilizada pela imprensa para desenvolver seu trabalho. Ele deve ser entregue pessoalmente ou encaminhado aos jornalistas, dentro de uma pasta ou envelope. O *kit* de imprensa, como também é chamado, é elaborado pensando em todos os detalhes do processo de produção da notícia. Por isso, deve conter textos, fotos, vídeos e informações necessários ao desenvolvimento de uma matéria ou reportagem.

É de responsabilidade da assessoria de imprensa assegurar uma boa exploração desse instrumento. O *press kit* para uma **COLETIVA DE IMPRENSA** de abertura de um shopping center, que receberá jornalistas de áreas distintas, deverá conter, além dos *releases* com a história e os dados da empresa empreendedora, vários textos para atender às necessidades das diversas editorias convidadas para o evento.

Assim, o repórter de economia terá as informações financeiras da companhia investidora, saberá o **IMPACTO** do novo negócio no mercado no qual está inserido e terá em mãos as fotos dos principais acionistas. O jornalista que cobre gastronomia disporá de informações sobre as opções de restaurantes do empreendimento, com imagens da área de alimentação, assim como os responsáveis pela cobertura de moda e cidades encontrarão dados sobre as lojas-âncora e as de marcas presentes no centro comercial.

Mas não é apenas nas coletivas de imprensa que um bom *press kit* faz a diferença. Em um almoço marcado entre um jornalista e o porta-voz da companhia, é **IMPRESCINDÍVEL** uma pasta, com textos de histórico da companhia, dados dos principais produtos e serviços oferecidos e material institucional, para que a conversa informal se transforme em uma reportagem de repercussão.

Em todos os casos, o importante é ter em mente que, de uma simples reunião de informações, o *press kit* se tornou o **CARTÃO DE VISITAS** da empresa que o jornalista levará de volta à redação.

O preço do sucesso é a eterna vigilância

O termo já está integrado à **ROTINA** de boa parte das empresas. Até mesmo em nossa vida diária o *follow-up* está presente. Pode ser a mãe lembrando o filho de escovar os dentes ou o gerente recordando o vendedor um contato importante. Não é diferente para assessores de imprensa.

Nas atividades cotidianas de uma assessoria de imprensa, o *follow-up* é encarado como uma das mais eficientes **FERRAMENTAS DE TRABALHO**. Sem o necessário acompanhamento, o trabalho de comunicação, relacionamento e divulgação se perderia diante da correria diária de repórteres e editores.

Não basta à assessoria de imprensa acompanhar a vida da empresa cliente, gerar boas pautas, desenvolver textos, artigos, notas e outros instrumentos de divulgação. Raros são os casos em que o envio de um texto significa publicação imediata. **A REGRA** manda contatar o jornalista antes de mandar a pauta e voltar a conversar com ele para obter uma avaliação das informações encaminhadas. Vale inclusive manter o diálogo aberto até mesmo depois de saber que a nota irá "emplacar" nas páginas da publicação.

Para os consultores de comunicação, *follow-up* é também uma arte. Exige criatividade, **BOM SENSO**, conhecimento e habilidades de vendedor para travar uma conversa em alto nível com o colega da redação. Boas idéias não podem ser abandonadas porque textos não caminham sozinhos nas redações ou, se caminham, podem seguir facilmente para a lata do lixo.

Além de cada fato enviado, é preciso sempre pensar em algo mais para **ACENDER O INTERESSE** da mídia. Pode ser o envio de uma foto, um dado adicional, uma curiosidade ou a indicação de uma nova fonte. Não importa! Sabemos que o preço de nosso sucesso é a eterna vigilância.

Release como ferramenta (I)

INFORMAR a imprensa de forma objetiva e eficaz e agregar valor à **IMAGEM** da empresa, com credibilidade e criatividade. Esses são alguns dos atributos de um comunicado de imprensa ou o afamado *press release*, que leva aos jornalistas dados sobre determinado fato, para que ele seja transformado em notícia.

Mais do que um meio para esclarecer dúvidas sobre os produtos e serviços da empresa que é divulgada, o *press release* é a **FERRAMENTA** inicial dos jornalistas na confecção de matérias, notas e reportagens. É por isso que, para o trabalho da assessoria de imprensa ser produtivo, é fundamental um texto direto, preciso e bem elaborado.

LEMBRE-SE SEMPRE: repórteres, jornalistas e pauteiros recebem milhares de *e-mails* por dia e na seleção de mensagens recebidas contam diversos fatores, como o relacionamento estreito entre a assessoria e o jornalista, a credibilidade da fonte e as informações de qualidade e bem focadas.

O bom *release* tem de ser atrativo ao leitor. Ele deve ser redigido de acordo com **CRITÉRIOS JORNALÍSTICOS**, trazer informações relevantes e, lógico, contar com o correto uso da língua portuguesa. A redação do texto deve descrever as características do que está sendo divulgado, objetivamente, e os adjetivos precisam ser evitados. Essas características, certamente, farão do *press release* o destaque da empresa perante a concorrência.

Release como ferramenta (II)

Para muitos, ele é uma **VERDADEIRA PRAGA**. Para alguns, trata-se de um material de apoio excelente. Para outros, representa uma verdadeira mão na roda. Em qualquer um dos casos, entope diariamente as caixas de *e-mails* de jornalistas afamados ou não.

Estamos falando do odiado e útil (dependendo da ótica) *press release*. Sem dúvida, os comunicados de imprensa conquistaram um espaço importante no jornalismo deste país – seja por facilitarem o entendimento de qualquer fato noticioso, seja por serem um **EXCELENTE SUBSÍDIO** gerador de boas pautas para a mídia.

O que esperar de um paradoxo constituído pela demanda crescente por informação, redações cada vez mais enxutas e jovens despreparados dominando a cena jornalística? A proliferação das assessorias de imprensa não é um fato isolado. A cada dia está mais difícil encontrar bons repórteres e redatores, enquanto a **REPRODUÇÃO NA ÍNTEGRA** de *press releases* em grandes veículos de comunicação ganha mais e mais espaço.

A prática sempre foi comum em veículos pouco estruturados, como jornais de bairro ou de cidades pequenas. Os editores que utilizam pequenos espaços para notícias oriundas de *releases* fazem o **USO CORRETO** da informação recebida. As reportagens – assinadas ou não – da grande imprensa que reproduzem quase no todo o raciocínio e as conclusões de um *release* atestam a decadência do veículo perante os formadores de opinião.

Em suas ações de imprensa, procure estabelecer relações próximas com o **JORNALISMO CRÍTICO E INDEPENDENTE**. Nesse universo, sua empresa sempre conseguirá um bom destaque sem nenhum ônus. Um comunicado bem estruturado e escrito pela assessoria de imprensa sempre ajuda, mas as notícias são geradas pela importância de feitos, méritos dos produtos e iniciativas pioneiras. Nunca pela amizade do assessor com o jornalista.

Release como ferramenta (III)

Em consultorias de comunicação estruturadas, é **RARO HAVER ERROS** de foco na formulação de comunicados de imprensa, notas, sugestões de pauta e artigos. Mesmo assim, algumas empresas resolvem pedir textos "mais criativos" ou com uma linguagem "mais próxima" do universo de seu público-alvo.

Num trabalho para uma companhia do segmento têxtil, o então dirigente de marketing **INSISTIA** na construção de textos sempre descolados e criativos, "como o público consumidor de seus produtos e serviços". Apesar de infundadas, solicitações como essas são **MAIS COMUNS** do que se pensa. Alguns homens das áreas de vendas, marketing e comercial vêem o assessor de imprensa como um publicitário disfarçado de jornalista e relações públicas.

Quem contrata ou dita as regras para a assessoria de imprensa dentro das empresas precisa estar ciente de que o consultor de imprensa **DIRIGE SUAS MENSAGENS** para jornalistas. As informações devem interessar à audiência dos meios de comunicação, que, em geral, reprocessam os dados recebidos. É por essa relação que um comunicado de imprensa segue a mesma técnica jornalística de construção de textos. **NÃO SE PODE** fazer literatura nem usar artifícios típicos da publicidade. Deve-se concentrar no âmago da informação – sem muitos adjetivos e enrolação.

Outro fato a ser lembrado. O que é notícia segue **CONCEITOS UNIVERSAIS**. O texto jornalístico aplica-se da mesma forma a redatores baseados em São Paulo, Nova York ou Bagdá. Com um comunicado de imprensa não é diferente. Produzido por uma agência de comunicação corporativa de Porto Alegre, Berlim ou de Tóquio, o *release* exibe a mesma estrutura para divulgar a estréia de peça de teatro, o lançamento de medicamento pela indústria farmacêutica ou um programa turístico de uma operadora de viagem.

Além de **PERTINÊNCIA** e interesse público, o comunicado de imprensa deve sempre responder às questões Quem? Onde? Quando? Como? Quanto? e Por quê? Isto basta e já um bom começo para gerar uma boa notícia.

Perguntas e respostas para o porta-voz

Simular perguntas e respostas objetivas e consistentes que assegurem a **HARMONIA** do discurso de uma empresa ou executivo. Essa é a função do ***POSITION PAPER***, uma ferramenta que já se tornou fundamental para um entrevistado em potencial ou aqueles que têm como ofício a busca pela informação. A técnica antecipa dificuldades, reduz a margem de improvisação, detecta erros e ainda serve como *feedback* para projetos de comunicação corporativa.

Também conhecido como *Q&As* (*Questions & Answers*), o conjunto deve conter as perguntas mais freqüentes e as respostas mais difíceis. É dessa maneira que se evitam situações inesperadas e pronunciamentos **CONTRADITÓRIOS**, as famosas "saias justas".

A técnica, desenvolvida por uma pessoa ou equipe, deve seguir uma série de etapas. Descrever o projeto, evento ou problema, elaborar perguntas sobre o tema, desenvolver respostas curtas e **COERENTES** para cada pergunta e organizar material de apoio (pesquisas, estatísticas, documentos) são os passos a serem seguidos. No fim desse processo, é importante estudar todo o material produzido. Alguma falha na realização pode comprometer todo o resultado.

Não há restrições. O *Position Paper* pode ser empregado em **VÁRIAS FRENTES**: contatos com a imprensa, anúncio de produtos, discursos em exposições públicas. A comunicação com qualidade não deixa dúvida ao leitor. Quando se tropeça na arte de comunicar, surgem os mal entendidos, as versões contraditórias e os boatos que afetam diretamente a credibilidade de empresas, executivos, empresários e homens de notoriedade pública.

Talvez, à primeira vista, as *Q&As* sejam vistas como um trabalho árduo. Porém, quando se percebe que a falta de planejamento em comunicação é responsável por sérios prejuízos, a técnica dificilmente é dispensada. **ANTECIPAR-SE** aos erros, prevê-los e evitá-los, eis a fórmula para a comunicação ideal.

Divulgação de destinos turísticos

DIVULGAR DESTINOS em reportagens é, e sempre será, um dos focos principais de suplementos e revistas dedicados à área de viagem e turismo. As justificativas variam conforme os destinos enfocados: a experiência de desbravar praias quase virgens pode ser a razão de uma matéria sobre o litoral amapaense ou a grande oferta de opções de diversão adulta pode validar uma reportagem sobre Las Vegas.

Mas são raros os casos em que jornalistas de turismo viajam, hospedam-se e conhecem lugares por conta das próprias redações. Quase a totalidade dos destinos citados em mídias de turismo parte de sugestões e, principalmente, de **CONVITES** feitos por redes hoteleiras, companhias aéreas, operadoras de turismo e agências de viagem.

De quebra, as empresas anfitriãs merecem créditos da viagem na reportagem, que exibe os **SERVIÇOS** por elas prestados naqueles locais. Em geral, as matérias mostram com destaque e **VISIBILIDADE** as qualidades e os roteiros das patrocinadoras nos destinos retratados.

Faz parte do trabalho das assessorias de imprensa organizar as ***PRESS TRIPS*** – viagens de imprensa – em conjunto com a empresa anfitriã. São os assessores que escolhem, criteriosamente, os veículos que serão convidados e preparam todo o **MATERIAL DE DIVULGAÇÃO** que cada jornalista terá à disposição durante a viagem.

Em muitas ocasiões, ainda acompanham os jornalistas na viagem para conduzir e atender às necessidades do grupo. Assessoria de imprensa em turismo, portanto, é uma arma valiosa num mercado tão concorrido e, literalmente, **SEM FRONTEIRAS.**

Cuidado com os brindes à imprensa

Quando o fim do ano se aproxima, traz com ele o eterno desafio dos brindes para jornalistas. Da mesma maneira que podem solidificar **RELACIONAMENTOS**, os presentes também contribuem para **DESGASTAR** a imagem da empresa. Por isso, todo cuidado é pouco para evitar que uma ação louvável se torne um "mimo" desagradável.

Para o consultor Roberto de Castro Neves, em seu livro *Comunicação Empresarial Integrada*, um presente, para ser redondo, deve ter três características importantes: o **BOM GOSTO**, o **SIMBÓLICO** e o **VALOR**.

O objeto escolhido para presentear deve ser de gosto médio, que agrade à maioria das pessoas. Não pode ter valor **OFENSIVO**, algo constrangedor ou que a própria pessoa não possa comprar. E, por último, não pode ser comprometedor, a ponto de simbolizar a perda da liberdade e da imparcialidade jornalística. Canetas, chaveirinhos e agendas, por exemplo, ajudam a fixar uma marca sem desrespeitar essas premissas.

A questão é tão delicada que muitos órgãos de imprensa proíbem seus jornalistas de aceitar presentes de clientes, fontes ou fornecedores. Uma prática muito usada – e aceita – é oferecer, delicadamente, os produtos e serviços da empresa. Dependendo do que a corporação puder disponibilizar, essa ação pode não ser muito boa para sua imagem. Mas, com moderação e **BOM SENSO**, cortesias de hospedagem, viagens e ingressos para *shows* podem se tornar uma ótima ferramenta de relacionamento.

A mesmice dos programas de *media training*

Nas **SOLICITAÇÕES** de treinamentos de *media training*, invariavelmente, os pedidos são os mesmos. Executivos de comunicação, de RH ou assistentes da presidência de empresas limitam-se a requisitar um programa básico. Em geral, são seis horas de treinamento, composto por uma introdução sobre a importância da mídia, seguida de uma **APRESENTAÇÃO SUPERFICIAL** das situações de maior exposição e risco para a imagem da companhia.

Para coroar a programação, há sempre uma celebridade do jornalismo – de preferência da Rede Globo – para conduzir a tradicional dinâmica de gravações em VT e aferir o desempenho, bom ou ruim, dos executivos frente às câmeras. São programas rápidos e de resultados duvidosos, que não passam de **TREINAMENTOS INTRODUTÓRIOS**.

Raro mesmo é receber um pedido preventivo de administração de crises, com o levantamento e mapeamento de áreas e fatores de risco para a imagem e atividades da companhia. **MAIS DIFÍCIL AINDA** é atender a uma demanda de criação e formação de um grupo interno para contenção de emergências. A gestão de crises passa também pela atualização periódica ou elaboração de um manual interno, além de reciclagem regular dos principais dirigentes e executivos.

Para **SAIR DO LUGAR COMUM** dos *media trainings*, um caminho é simular um fato real e altamente explosivo para analisar o desempenho do presidente e principais diretores de uma empresa frente à mídia. De surpresa, pode-se convocar **ATORES** para bradar palavras de protesto diante da sede da empresa, juntamente com outros representando repórteres de emissoras de TVs e rádios e jornalistas da mídia impressa, sedentos por um bom escândalo.

Um "barraco" como esse permite **AFERIR A ATITUDE** imediata e bons e maus exemplos de gestão de crise. Lembre-se: o que está sempre em jogo é a credibilidade de uma organização diante da opinião pública. Ainda bem que os treinamentos regulares de contenção de crise e dinâmicas de *media trainings* têm mostrado porta-vozes capacitados na administração segura, rápida e transparente de uma situação. **O SUSTO PASSA** sem deixar marcas.

Diferenças de abordagem entre empresas públicas e privadas

Você já notou que a imprensa é extremamente crítica na cobertura da área econômica do governo e altamente otimista com a iniciativa privada? Constantemente a **MÍDIA IMPRESSA** – principalmente a de negócios – elege e abre grandes espaços para empresários, criando verdadeiros mitos.

Poucos, porém, se sustentam nessa posição. Após alguns anos, caem no esquecimento total ou voltam a ilustrar o noticiário por causa de concordatas fraudulentas, políticas empresariais desastrosas e dívidas sem fim. Não raro, o próprio governo é chamado a intervir e sanear as finanças do setor privado em nome do emprego, da indústria nacional e da pressão de vários *lobbies*.

Por sua vez, as **INICIATIVAS GOVERNAMENTAIS** são sempre vistas com muita **DESCONFIANÇA** pela imprensa. Décadas de inflação, inúmeros planos econômicos frustrados, promessas irreais e uma economia que não decola são os principais motivos de descrédito.

Como em qualquer negócio, há acertos e erros produzidos também pela iniciativa privada. **O EXCESSO DE OTIMISMO** na cobertura de ações empresariais é um ponto para reflexão. Só para citar um exemplo, quem não se lembra das expectativas de um futuro promissor para as empresas pontocom?

O MARKETING DO *RELEASE* (ou de grandes investimentos em relacionamento com a mídia) funciona por um certo tempo. Não há como sustentar mitos construídos sobre alicerces de barro.

Redação *versus* área comercial

Empresários e executivos sempre especulam sobre a independência entre as redações e a área comercial dos meios de comunicação. Vivemos em um uma economia de mercado e as notícias não passam de uma **NOVA MODALIDADE DE *COMMODITY***.

Obviamente, o leitor que assina um jornal, uma revista, ou mesmo assiste regularmente a um programa de TV e escuta uma emissora de rádio, o faz por enxergar **CREDIBILIDADE** nesses veículos. Ele tem a fiel convicção de que, naquele espaço, encontra-se uma interpretação fidedigna da realidade, permitindo à sociedade exercer sua cidadania e ter ciência da verdade.

Favoritismo a um outro anunciante em desrespeito ao público sempre foi uma constante em publicações pequenas – de bairro, de cidades do interior e de colunismo social, principalmente. É o famoso dois-em-um – um **ANÚNCIO CASADO COM UMA REPORTAGEM**.

A crise enfrentada nos últimos anos pela mídia nacional fez cair o muro que separa o departamento comercial das redações de muitas editoras tradicionais. Naturalmente, a **PRESSÃO ECONÔMICA** dos grandes grupos sobre a imprensa favorece, ainda que dissimuladamente, a veiculação de determinadas informações e notícias.

No entanto, a regra continua a mesma para pequenas e médias empresas. Uma boa notícia, a análise bem-feita ou o comentário favorável continuam com espaço de veiculação, desde que se cumpram os requisitos mínimos da prática do bom jornalismo – o inusitado, a **FONTE CREDENCIADA DE INFORMAÇÃO** e a prestação de serviço à população.

O embargo como notícia

"Embargo norte-americano a Cuba", "embargo à carne brasileira". Uma incursão ao dicionário revela significados diversos para essa palavra muito comum no vocabulário jurídico. Mas poucos sabem que o substantivo tem seu lugar também no **JARGÃO DA COMUNICAÇÃO**.

No universo do jornalismo, a palavra **EMBARGO** tem outro significado. Designa um acordo em que os meios de comunicação abrem mão da informação exclusiva e se comprometem a **PUBLICAR JUNTOS** uma determinada notícia no dia escolhido pela fonte, que pode ser uma editora, uma gravadora, uma montadora de veículos, um instituto de pesquisas ou uma autoridade pública.

Pode-se constatar esta prática regularmente na mídia nacional e internacional. Quer alguns exemplos? Paulo Coelho estampou simultaneamente as capas de *Veja*, *IstoÉ* e *Época* quando da publicação do livro *O Zahir*. O mesmo ocorre com o lançamento de automóveis ou filmes de repercussão mundial. Em geral, ganham destaque no mesmo dia nas páginas dos principais jornais brasileiros – *Folha, Estadão, O Globo* – e também nas revistas semanais.

É inegável dizer que se trata de uma bem elaborada **ESTRATÉGIA DE MARKETING**. Mais importante ainda é salientar a preponderância dos assessores de imprensa nessa iniciativa. Não cabe discutir se havia ou não assuntos mais importantes que os lançamentos, mas sim mostrar a **VIABILIDADE** de uma ação como essa. Nela, o jornalismo deixa de se restringir ao **CAMPO NOTICIOSO** para mergulhar no mundo da indústria cultural como um todo.

Resultados surpreendentes sem nenhum apoio

Uma das experiências mais marcantes e construtivas que já vivenciamos em comunicação não ocorreu com nenhuma grande companhia, nem assessorando um importante líder empresarial. Foi quando **ATENDEMOS POR SETE ANOS** as franquias da então maior rede de ensino de idiomas do Brasil. Como gestores de imprensa, nosso trabalho estava restrito ao estado de São Paulo. Mas o alcance de nossa divulgação ganhou dimensões nacionais.

Tínhamos uma carteira de mais de 130 escolas, espalhadas por 64 municípios do interior paulista. Visitamos um sem-número de cidades e conhecemos em detalhes o funcionamento e os melhores contatos da mídia do interior. Fazíamos um **TRABALHO DE FORMIGUINHA** e os resultados eram surpreendentes. Viramos até *case* em um congresso da rede e éramos regularmente assediados pela concorrência.

Com muita criatividade, promovíamos intensamente a bandeira em todo o Estado. De Ituverava a Peruíbe ou de Campinas a Araçatuba, **TRANSFORMAMOS** cada franqueado em verdadeiros embaixadores da língua inglesa ou do idioma de Cervantes em suas cidades. As unidades da rede dominavam as colunas sociais. Os diretores das escolas estavam sempre presentes nos telejornais locais e regionais com nossas sugestões de pauta. Além disso, os artigos de orientação pedagógica assinados pelos coordenadores de ensino faziam **MUITO SUCESSO** na mídia e na sociedade local.

Como conseguimos isso? Fazendo **CIRCULAR INFORMAÇÕES** entre unidades até então isoladas. Dividimos o estado em quatro regiões e toda sexta-feira um integrante de nossa equipe se encontrava com um grupo de diretores de uma determinada área. As **IDÉIAS BROTAVAM**, disseminávamos pautas e os resultados de mídia pipocavam em todos os quadrantes do estado. Outra grande recompensa: formamos dezenas de porta-vozes, gente de classe média (originalmente professores de idiomas) que optou por abrir o próprio negócio.

O mais interessante é que esse trabalho nunca teve **NENHUM APOIO** do franqueador. A direção de marketing nos via como intrusos e comumente não cooperava com a própria imprensa, interessada em promover a rede. Era mais freqüente um diretor de uma unidade atender a uma solicitação da grande imprensa do que o presidente da franquia. Acredite se quiser!

Você tem 12 dias, e agora?

Desafios não faltam no dia-a-dia de trabalho de uma assessoria de imprensa. Alguns são especialmente delicados. Uma vez fomos **SURPREENDIDOS** por uma chamada internacional num fim de expediente. Era a diretora de relações públicas de uma multinacional que atendemos no Brasil. Com *e-mail* e *messenger*, seus telefonemas tinham se tornado incomuns.

Porém, mais incomum foi a solicitação. "Você, **TÊM 12 DIAS** para trazer sete jornalistas de peso para um evento que estamos organizando. Daqui a pouco passo o localizador da reserva dos bilhetes aéreos e o hotel onde vocês ficarão hospedados". Sem espaço para questionamentos, só pudemos perguntar do que se tratava o evento.

A resposta iria nos tirar o sono: **"NÃO PODEMOS DIZER**. Anunciaremos um acordo comercial com grande repercussão em ambos os países". Atordoados, ainda escutamos: "Queremos as melhores publicações de economia e negócios do Brasil, mas o nome da companhia não deve ser mencionado".

A partir daquele momento, uma pergunta tornou-se chave: **COMO VIABILIZAR** uma operação às cegas, atraindo os principais meios de comunicação impressa do Brasil? **SEM PAUTA** e sem tempo para protelar, na manhã seguinte surgiu uma grande idéia. Contatamos a sede da maior transnacional do país a ser visitado e conseguimos agendar, para a manhã do dia do evento, uma entrevista do presidente daquela empresa aos jornalistas brasileiros.

A tensão continuou até o encontro dos jornalistas com o presidente da companhia que assessoramos, mas já podíamos respirar mais aliviados. Estávamos atendendo à demanda do cliente (que deveria ter uma **NOTÍCIA DE IMPACTO** internacional, mas sem deixá-la vazar antes da hora) e garantimos à imprensa brasileira acesso a um grande líder empresarial em um país estrangeiro. A duras penas, formamos um **GRUPO MARAVILHOSO**, representando os dois maiores jornais em circulação no país, uma revista semanal, duas revistas internacionais de circulação em todas as Américas, o maior jornal de economia e negócios e o maior portal de notícias do Brasil.

Do ilustre dirigente empresarial que visitamos, a imprensa brasileira não conseguiu nenhuma informação exclusiva. Memorável mesmo foi a **COBERTURA INSTANTÂNEA** que conquistamos para nosso cliente, que revelou para mais de 40 jornalistas, muitos deles de agências de notícias, um grande acordo comercial com uma empresa brasileira. Aqui, saímos nas primeiras páginas dos jornais convidados e a notícia foi reproduzida por dezenas de outros, além de rádios e telejornais.

Glossário da Comunicação

Agenda Setting – Seleção temática do agendamento de assuntos que merecem ser discutidos publicamente, cuja divulgação deve ser priorizada.

Balão de ensaio – Notícia sem fundamento lançada, por exemplo, para medir impacto ou desviar atenções.

Barriga – Quando um veículo deixa de dar uma notícia importante.

Briefing – Informações detalhadas sobre a empresa ou fato noticioso, fornecidas ao profissional de comunicação que se incumbirá de divulgá-las. A expressão "brifar" é mais usada.

Boneco – Enquadramento formal do rosto do entrevistado.

Cavar – É o trabalho que o assessor exerce para encontrar oportunidades de divulgação na imprensa.

Chupar – Extrair dados de uma outra notícia e inseri-los em um *press release*, artigo ou uma reportagem.

Clipping – Seleção de notícias, resultado da leitura e busca de um fato, empresa ou marca em jornais e revistas. O *clipping* eletrônico define o trabalho feito na televisão e emissoras de rádio.

Deadline – Prazo para o repórter entregar sua matéria ao editor.

Derrubar – Usa-se "derrubar a matéria" para explicar que a pauta foi substituída, cancelada.

Embargo – Acordo tácito firmado com jornalistas de diferentes veículos, para que determinado material entregue pela assessoria só seja divulgado a partir da data previamente combinada.

Emplacar – Para o assessor, o termo representa a aprovação da pauta que ele sugeriu à mídia.

Esquentar – Dar outra cara a uma notícia passada, acrescentando informações para caracterizá-la como novidade.

Features – Matérias abrangentes que necessitam de mais tempo para ser elaboradas. Em geral, são publicadas nos finais de semana, quando o espaço editorial é maior.

Foto montada – Quando o repórter fotográfico compõe o cenário a ser fotografado, de acordo com a solicitação do veículo.

Follow-up – Acompanhamento, feito pelo assessor, de uma pauta na redação.

Fria – Matéria atemporal, o contrário de matéria quente – que aborda um assunto pontual, do momento.

Furo – Notícia que apenas um veículo publica, saindo na frente dos demais.

Gancho -– Elemento que justifica a notícia.

Garimpar – Buscar informações com empenho.

House organ – Veículo produzido pelas próprias empresas e distribuídos ao público de seu interesse. O mesmo que jornal interno.

Jabá -- Presente dado aos jornalistas para tentar influenciar na publicação ou não de assunto de interesse.

Lead – Introdução do texto jornalístico, que vem no primeiro parágrafo. O que há de mais importante na notícia. Nele, o jornalista procura responder às seis perguntas básicas: o quê, quem, quando, onde, como e por quê.

Mailing – Lista de endereços de veículos e jornalistas aos quais a assessoria de imprensa envia comunicados, notas, credenciais ou brindes, com o propósito de incentivar a publicação de determinada informação.

Marreta – Matéria publicitária estampada em formato editorial.

***Media training* (ou mídia *training*)** – Cursos encomendados pelas assessorias de comunicação para treinar empresários e executivos no relacionamento com a mídia, com direito a simulações de entrevistas.

Nariz de cera – Parágrafo inicial com frases-chavão, óbvias e que não revelam o assunto que será esmiuçado no texto. Exatamente o contrário do *lead.*

Off (ou Off-the-records) – Informação dada a um jornalista, mas sob a condição de não ser publicada. Geralmente relativa a um assunto confidencial ou estratégico para um setor, é uma ferramenta explorada pela fonte de reportagem para estreitar relacionamentos com o repórter.

Papagaio de pirata – Pessoa que aproveita o assédio da imprensa a uma autoridade ou a uma personagem para também aparecer nas fotos ou nas imagens. É chamado assim porque coloca a cabeça à altura dos ombros da personagem central.

Passivo de imagem – Prejuízo acarretado para a credibilidade de uma empresa, decorrente de exposição negativa prolongada, ou recorrente, na mídia.

Pauta – Preparada pelo pauteiro, reúne informações básicas sobre o tema a ser desenvolvido pelo repórter em uma matéria.

Perfil – Matéria bibliográfica com declarações, dados e comentários sobre a trajetória de vida ou empresarial de uma pessoa.

Plantar – Termo usado para explicar a intenção de conseguir divulgação de certa nota ou matéria.

Press kit – Pasta para a imprensa com dados do entrevistado e da companhia que ele representa. Pode contar com textos, fotos, ilustrações, tabelas, indicadores setoriais etc.

Press trip – Viagens nas quais os jornalistas são convidados a tomar contato pessoalmente com projetos, indústrias e destinos turísticos. Recurso bastante explorado por empresas de turismo e companhias aéreas.

Quente – Informação importante e inserida num contexto temporal ou local, que não pode demorar a ser noticiada.

Reach and frequency – Termos que designam o alcance e a freqüência média de uma programação de mídia.

Recall – Lembrança da marca.

Redator – Profissional que se dedica à criação de textos e títulos para peças gráficas ou eletrônicas.

Relações públicas – Atividade que se pauta pela necessidade de manter, por meio de ações sistematizadas, o "bom conceito" de uma empresa com seu público de interesse.

Release – Material distribuído para a imprensa sobre assunto ao qual se pretende dar divulgação. Respeita a linguagem específica dos diferentes veículos e a estrutura discursiva básica do texto jornalístico.

Review board – Comitê de revisão.

Revista customizada (do inglês *custom*, feito sob encomenda) – Publicações de larga tiragem, ampla distribuição e conteúdos editoriais muito assemelhados aos de revistas de mercado. São quase totalmente pagas por determinada empresa – e não pela venda de anúncios diversificados – que as utilizam, também, como instrumento do marketing institucional.

Sala de imprensa – *Sites* específicos desenvolvidos com o objetivo principal de aprimorar, por meio de novas tecnologias, o relacionamento entre fontes – normalmente, institucionais ou empresariais – e jornalistas. Nas salas de imprensa, o jornalista pode encontrar banco de dados, informações de última hora sobre uma empresa ou mesmo participar de entrevistas *on line* com executivos.

Selo – Ilustração que se usa no ar para identificar um assunto ou uma notícia; é produzido pela editoria de arte.

Separar o joio do trigo – O bom jornalista deve ter a habilidade de, entre a grande quantidade de informações que recebe, selecionar aquilo que realmente importa à sociedade. A partir dessa noção, ironicamente, diz-se que o jornalista é um profissional que separa o joio do trigo e publica o joio. A anedota atesta que o conflito e a polêmica são as bases inescapáveis de sustentação do discurso jornalístico.

Slogan – Frase que resume o conceito da campanha e da marca.

Spot – Comercial de rádio composto somente por texto e, eventualmente, acrescido de alguma música branca, isto é, música já existente e não conhecida, utilizada apenas para preencher os espaços vazios da peça publicitária.

Staff – Equipe de apoio.

Switcher – Sala de controle onde ficam o diretor de tevê, o sonoplasta, o editor-chefe do programa que está no ar; está sempre conectada ao estúdio, *link* etc. Tudo o que se fala próximo aos microfones pode ser ouvido por quem está no *switcher*.

Take – Designa um quadro de imagem. Mudar um *take* significa substituir aquela imagem por outra.

Teaser – Pequena chamada gravada pelo repórter sobre uma notícia, para ser colocada na escalada do telejornal. Serve para atrair a atenção do telespectador.

Teleprompter (ou TP) – É um aparelho que permite a reprodução do *script* sobre a câmera, facilitando a leitura do apresentador.

Teto – No enquadramento do apresentador de TV, é o espaço que sobra acima da cabeça dele.

Timing – Controle do ritmo, da velocidade. O jornalista é um profissional que trabalha sob pressão, em um ritmo acelerado, normalmente açodado por horários-limite e pela necessidade de publicar o fato novo antes que a concorrência o faça. Entender o *timing* do trabalho jornalístico é condição fundamental para que a fonte possa intervir, com sucesso, nas rotinas produtivas da notícia.

Turbinar a informação – Transformar em essencial, ou espetacular, um tema a princípio irrelevante. Trata-se de agregar atributos a um fato corriqueiro, de modo a despertar o interesse da mídia.

Vazamento – Divulgação extra-oficial de informação institucional, para colocar a fonte em situação vulnerável, para testar a repercussão do assunto ou com um objetivo estratégico para a organização.

Veiculação – Período em que uma campanha está sendo divulgada nos meios de comunicação.

Vinheta – Marca abertura ou intervalo do telejornal.

***Workshop* com jornalistas** – Alternativa utilizada pelas fontes institucionais e corporativas para aproximação, cooperação e relacionamento com jornalistas. Trata-se de reuniões formais de trabalho em que os executivos de uma empresa recebem jornalistas para auxiliá-los com a transmissão de *expertise* e conhecimento técnico, na cobertura de determinados temas.

Workshopmídia – Versão resumida do *media training*. Trata-se de uma reunião de trabalho – com duração de um dia ou menos – em que são discutidos temas relacionados ao atendimento às demandas da mídia e ao contexto jornalístico do momento. Normalmente, os *workshopmídia* reúnem executivos do alto escalão da empresa, sem disponibilidade de agenda para treinamentos mais longos.

Links Úteis

Aba – Associação Brasileira de Anunciantes
Entidade que contribui para a contínua evolução e profissionalização das empresas anunciantes. Fundada em 1959, é responsável por cerca de 70% dos investimentos em propaganda realizados no país.
www.aba.com.br

Abemd – Associação Brasileira de Marketing Direto
Deseja ter conhecimento sobre as técnicas e atividades de marketing direto? Vale a pena acessar este *site*.
www.abemd.com.br

Aberje – Associação Brasileira de Comunicação Empresarial
Fundada em 1967, a entidade tem como missão promover política e cultura na gestão estratégica das organizações. Ainda conta com a publicação da revista *Comunicação Empresarial* e conteúdo sobre organização de eventos e cursos.
www.aberje.com.br

Abracom – Associação Brasileira de Comunicação
Na ânsia de conquistar espaço na mídia, diversas empresas contratam agências de comunicação ou assessorias de imprensa sem levar em conta os critérios de escolha. Para não obter resultados indesejados, uma dica é visitar o *site* da Abracom.
www.abracom.org.br

Abrafoto – Associação Brasileira de Fotógrafos de Publicidade
A entidade mantém um verdadeiro manual para executivos dispostos a saber mais sobre produção de imagens empresariais, e também a aproveitá-las da melhor forma.
www.abrafoto.com.br

Abrarj – Associação Brasileira de Revistas e Jornais
A imprensa brasileira não vive apenas de grandes publicações. A entidade congrega cerca de 2.420 publicações do interior, de bairros e setorizadas, destacando as últimas notícias relacionadas a esse universo e nos desperta para um lado alternativo da imprensa brasileira.
www.abrarj.com.br

ACE – Associação dos Correspondentes Estrangeiros
Qual a imagem de nosso país no exterior? Como é feita uma cobertura de guerra? O que acontece de fato na política internacional? No *site* da entidade, pode-se desvendar o universo e o dia-a-dia dos correspondentes internacionais.
www.ace.jor.br

Agência Br Press
É um caminho para as companhias interessadas em espalhar suas informações por todo o país e também em nível internacional. O portal disponibiliza conteúdo, inclusive reportagens especiais, para mais de 50 publicações impressas e eletrônicas.
www.brpress.net

Agência Carta Maior
Nasceu na primeira edição do Fórum Social Mundial em Porto Alegre. É hoje referência de cobertura e análise crítica dos fatos.
www.agenciacartamaior.com.br

Agência Nordeste
Para quem não quer informações restritas ao eixo Sul-Sudeste, a agência de notícias enfatiza assuntos políticos e econômicos vinculados à região.
www.agne.com.br

Agência RádioWeb
Desde 2001, a *Radioweb – Agência de Notícias em Áudio* produz conteúdo para mais de 1.200 emissoras de todo o país. Com sucursais em Brasília e Porto Alegre, o portal cria boletins com os principais assuntos do dia nas áreas de política, economia, agronegócio, saúde, meio ambiente, transportes, direito e cidadania, entre outras.
www.agenciaradioweb.com.br

Agência Repórter Social
Um dos destaques do *site* é a agenda social, sempre de olho no que vai acontecer no país nas próximas horas e dias nas cinco regiões do Brasil. Em meio ao trabalho cotidiano dos governos e movimentos sociais, emerge, esquecida e despercebida, uma gigantesca agenda diária. Com ela, um universo de pautas.
www.reportersocial.com.br

Amazon Sat
Pertencente à Rede Amazônica de Rádio e TV, oferece a oportunidade única de conhecer uma região tão distante do nosso dia-a-dia e do eixo Sul-Sudeste.
www.portalamazonia.globo.com/amazonsat

ANJ – Associação Nacional de Jornais
Para quem quer se inteirar das novidades e tendências do mercado jornalístico. Apresenta dados completos sobre diversas publicações, como o *ranking* dos maiores veículos e dos mais lidos, além das últimas notícias e opiniões de especialistas.
www.anj.org.br

AP/ Wide World Photos
Se uma imagem diz mais que mil palavras, este é o caminho para ajudá-lo com fotos gratuitas para compor jornais internos, *newsletters, websites*, revistas ou qualquer outra publicação de conteúdo editorial.
www.apimages.com

Banca de Revistas
O portal disponibiliza *links* para as versões *online* dos principais jornais, revistas, agências de notícias, rádios e TVs brasileiras e do exterior.
www.planeta.terra.com.br/noticias/banca

Banco de Dados Folha
Com objetivo de dar suporte aos jornalistas do grupo de comunicação, auxilia também pesquisadores, estudantes e empresas na realização de pesquisas. Oferece passeio virtual pela cidade de São Paulo e textos históricos desde 1921, entre outras opções.
www.bd.folha.uol.com.br

BBC Brasil
A rede londrina escolheu o Brasil para inaugurar sua maior redação na América Latina. No *site* brasileiro, é possível ter acesso a notícias e vídeos em português.
www.bbc.co.uk/portuguese

Boletim Pequenas Empresas & Grandes Negócios
Produzido pela equipe da revista homônima, o informativo diário traz notícias sobre mudanças na legislação, tributação, índices econômicos, *cases* empresariais de sucesso e tendências de gestão.
www.empresas.globo.com

Bloomberg
Endereço ideal para quem acompanha o vaivém da economia e das bolsas de valores, traz informações sobre as principais empresas de capital aberto e sobre a política econômica de países de primeiro mundo e emergentes.
www.bloomberg.com

Blue Bus
Com uma estrutura muito simples e redação enxuta, o boletim eletrônico *Blue Bus* é um dos veículos mais lidos por formadores de opinião do país.
www.bluebus.com.br

Carta Z Notícias
Nasceu em 1990 com a proposta de suprir, com reportagens e fotografias, cadernos de televisão de jornais de todo o Brasil. Além do pioneiro *TV Press*, sua programação reúne o *Auto Press*, noticiário automobilístico divulgado na América Latina, o *PopTevê* e o *Canal Zap*, ambos focados nos bastidores da televisão.
www.cartaznoticias.com.br

Central de Jornalismo
Idealizado pelo jornalista Jorge Cury, funciona como uma agência de notícias especializada na produção, edição e transmissão de conteúdo para veiculação gratuita. Mais de 2 mil rádios comerciais, comunitárias e estrangeiras usufruem os serviços do portal.
www.radiojornalismo.com

Charges
Criado pelo cartunista Maurício Ricardo Quirino, rende boas gargalhadas e não deixa de trazer novas interpretações para assuntos da atualidade.
www.charges.com.br

Cláudio Humberto
O universo do poder visto por detrás das cortinas. Jornalista e autor de coluna política divulgada em vários jornais de grande circulação no país, Cláudio Humberto conta tudo o que rola nos bastidores da capital federal em sua *home page*.
www.claudiohumberto.com.br

Cliente S.A.
Executivos de tecnologia e marketing, que quiserem saber mais a respeito de atendimento a clientes, não podem deixar de acessar esse portal da Grube Editorial. Traz notícias de marketing de relacionamento, *e-business*, gestão e responsabilidade social.
www.clientesa.com.br

CloudMeeting
Portal que possibilita a realização de videoconferências a qualquer momento e em qualquer lugar, facilitando a integração entre filiais, além de personalizar e humanizar o atendimento de clientes. O serviço é adquirido por meio de assinaturas mensais.
www.cloudmeeting.com

CMO Magazine
Para saber o que rola no universo do marketing, vale conhecer a versão *online* de uma das mais consagradas publicações norte-americanas do setor. Aponta tendências ligadas a propaganda empresarial, ações de mídia e *branding*. Navegue livremente e saiba como o veículo influencia opiniões de mais de 25 mil executivos em todo o mundo.
www.cmomagazine.com

Companhia da Boa Notícia
Está cansado de abrir os jornais e só ler reportagens sobre juros altos, tragédias, violência e inflação? O pessimismo que ronda a mídia não tem vez neste *site*, onde aparecem apenas boas e divertidas informações.
www.ciaboanoticia.com.br

Comunicação Empresarial Online
Desvendar o universo da comunicação empresarial fica muito mais fácil para quem acessa este portal. Apresenta artigos, dicas literárias e pesquisas ligadas ao tema. Tudo de forma abrangente, mas ao mesmo tempo com linguagem leve, contando também com fóruns de discussão.
www.comunicacaoempresarial.com.br

Comunique-se
Primeiro portal brasileiro totalmente voltado para profissionais de comunicação. Sua missão é divulgar notícias de bastidores do mercado jornalístico brasileiro, colocar em discussão aspectos práticos e éticos da profissão, além de fornecer ferramentas de apoio para o trabalho diário dos jornalistas de todo o país.
www.comunique-se.com.br

Consultor Jurídico
Uma excelente pedida para quem precisa de informações sobre Direito e Justiça. Criada em 1997, a revista eletrônica reproduz o cotidiano e a evolução de uma das carreiras mais tradicionais do mundo, além de abordar as principais questões jurídicas que determinam a agenda do país.
http://conjur.estadao.com.br

Diários Associados
Quarto maior grupo nacional de comunicação, abrange mais de 30 veículos, entre jornais, revistas, emissoras de TV e rádio, além de agências de notícias. Boa parte tem caráter regional, o que ajuda a entender melhor o universo fora do eixo Rio-São Paulo.
www.associados.com

Diretório de blogs
Um verdadeiro *ranking* dos *blogs* mais visitados no país. Nele você fica sabendo como anda a popularidade desses novos espaços da rede virtual. Exibe também ferramentas úteis, como adicionar *blogs* no favoritos, ser dono de múltiplos *blogs* etc.
www.blogblogs.com.br

EPTV – Afiliada da Rede Globo de Televisão
Uma das maiores afiliadas da Rede Globo de Televisão, a EPTV exibe um *site* que veicula notícias de quase 300 cidades das regiões central, norte e nordeste do estado de São Paulo, além do sul de Minas Gerais.
www.eptv.com.br

Folha Universal
O veículo, lançado em 1992 pela Igreja Universal do Reino de Deus e com distribuição gratuita, não se restringe à missão de evangelizar. O jornal é garantia de informação sobre religião, mas também sobre política, economia, cidadania, ciência e tecnologia, esportes e até turismo, com isenção e qualidade jornalística.
http://folha.arcauniversal.com.br

Folha Ombudsman
A figura do *ombudsman*, um verdadeiro advogado dos leitores de uma publicação, já existe há anos no Brasil por meio da *Folha de S. Paulo*, que relembra em seu portal a história desta coluna, assinada semanalmente por um renomado jornalista da casa.
www.folha.uol.com.br/folha/ombudsman

Google Trends
Quer saber o que as pessoas mais procuram na internet? A dica é o serviço *Google Trends*. Nele você pode aferir o volume de buscas no Google de uma determinada palavra ou expressão e compará-las com anos anteriores. Uma ferramenta que pode ser essencial para fazer sua empresa aparecer na internet.
www.google.com.br/trends

Gramática Online
Para acabar com dúvidas e nuances que muitas vezes a língua portuguesa nos traz, o professor e poeta Dílson Catarino traz informações sobre construção gramatical, redação e análise de texto, além de curiosidades da língua e espaço para perguntas.
www.gramaticaonline.com.br

Grupo RBS
A parceira histórica das Organizações Globo exibe um panorama completo do universo da região tida como uma das mais politizadas do país. *Zero Hora*, *Diário Catarinense* e os populares *Diário Gaúcho* e *Hora* são alguns dos veículos mantidos pela rede.
www.clicrbs.com.br

Guia Veja de Internet
O portal da *Veja* criou uma seção objetiva de busca compilando de *sites* de todas as categorias e de variados temas. São mais de 400 endereços na internet, incluindo portais, revistas, jornais, buscadores, enciclopédias, museus, além de prestadores de serviços e órgãos públicos, que podem ser ampliados com sugestões dos leitores.
www.veja.com.br/guia

Ibope – Instituto Brasileiro de Opinião Pública e Estatística
A página reúne um conteúdo bem mais abrangente do que tradicionais pesquisas de intenção de voto, com artigos, notícias e estudos relacionados aos universos da comunicação, mídia, internet, publicidade e marketing.
www.ibope.com.br

IBRADEP – Instituto Brasileiro de Desenvolvimento da Comunicação, Capacitação Profissional e Empresarial
Saiba mais sobre o mundo dos cerimoniais e protocolos em eventos. A entidade oferece palestras, cursos e treinamentos com o objetivo de preparar as empresas e seus profissionais para os constantes desafios impostos pelo mercado da comunicação.
www.ibradep.com.br

ICM – Institute for Crisis Management
Este portal traz informações e conselhos relevantes para empresários e executivos que não querem se ver fora de controle nas situações de crise.
www.crisisexperts.com

Ideal TV
Canal de assinatura do Grupo Abril, foi feito sob medida para o executivo moderno, abordando gestão de carreira, negócios e vida pessoal. São 18 programas de produção própria, além de outros comprados de produtoras nacionais e internacionais.
www.idealtv.com.br

Imagem Empresarial
Endereço ideal para conferir como anda a preservação da imagem de sua companhia. Criado pelo consultor Roberto de Castro Neves, o *site* traz artigos, dicas de leitura, histórias, sugestões de filmes, sempre com a imagem empresarial como tema.
www.imagemempresarial.com

Indek x
Uma chance de visitar as *home pages* de jornais de pelo menos 30 países das Américas, Europa Ocidental, Escandinávia, África, Ásia, Oriente Médio e Oceania.
www.indekx.com

InfoBrazil
Para quem se cansou de ler apenas analistas brasileiros discutindo nosso universo político-econômico. O portal apresenta avaliações independentes de consultores, líderes políticos, empresários e formadores de opinião, todos estrangeiros.
www.infobrazil.com

InfoMoney
Se você não é um investidor, mas pensa como um, o portal traz tudo sobre o mercado de ações, cotações financeiras, indicadores setoriais ou mesmo tendências de consumo. Tudo de maneira prática, incluindo um glossário com os termos mais usuais.
web.infomoney.com.br

Instituto Marplan
Fundada em 1958, e desde então reconhecida como uma das mais respeitadas empresas de pesquisa do Brasil, a Marplan integrou-se à Ipsos em 2001, passando a constituir a área especializada em estudos de hábitos de mídia e consumo.
www.ipsos.com.br

Instituto Reinaldo Passadori – Comunicação Verbal
O instituto construiu um exemplo em atendimento, dinâmica em cursos personalizados, compromisso com o ritmo e as características de cada parceiro.
www.reinaldopassadori.com.br

Interscience
A revista *Carta Capital* traz toda semana, na seção Perspectiva, pesquisas com executivos sobre diferentes temas noticiados pela mídia ou fatos ligados ao mundo dos negócios. O levantamento é produzido pela empresa de pesquisa de mercado Interscience.
www.interscience.com.br/port

Investnews
Explica o universo econômico-financeiro de maneira simples e acessível. Além disto, a área restrita dá acesso ao conteúdo do jornal *Gazeta Mercantil*. Uma boa referência para especialistas, investidores e para os que gostam de estar por dentro da economia.
www.investnews.com.br

Jornal de Debates
Defende a livre manifestação de idéias sobre assuntos da política, religião, cultura, economia, educação, esporte e sociedade. Há também espaço para humor e enquetes.
www.jornaldedebates.ig.com.br

Jovedata
Tornou mais prático disseminar ações comerciais e de marketing pelo Brasil. Disponibiliza tabelas de preços de mídia de mais de 5.400 veículos em cerca de 180 cidades, de Ariquemes (RO) a Uruguaiana (RS). Atualizados mensalmente, os valores referem-se a inserções em jornais, revistas, emissoras de rádio, TV aberta, por assinatura e até a salas de cinema.
www.jovedata.com.br

Marketing.com.br
Boa fonte de consulta tanto para leigos como para profissionais do setor. O conteúdo da seção Áreas de Marketing apresenta novos conceitos da aplicação da matéria em diversos segmentos.
www.marketing.com.br

Maxpress
Empresa especializada em pesquisa e tratamento de informações para relacionamento postal, telefônico e eletrônico (*e-mail*), de públicos estratégicos, dentro do Brasil.
www.maxpress.com.br

Mega Brasil
Incentivando o debate sobre os rumos da comunicação corporativa, o grupo Mega Brasil promove o Congresso Brasileiro de Jornalismo Empresarial, Assessoria de Imprensa e Relações Públicas, além de oferecer o Prêmio Personalidade da Comunicação.
www.megabrasil.com

Memória Viva
A história do jornalismo nacional tem uma parada obrigatória: a clássica revista O Cruzeiro. No portal, você pode saber um pouco mais da trajetória do veículo.
www.memoriaviva.digi.com.br/ocruzeiro

Newseum
Para consultar jornais diários do Brasil e do Exterior, basta acessar este verdadeiro museu de notícias *online*.
www.newseum.org/todaysfrontpages

Panorama Brasil
Ligado ao jornal DCI, tornou-se referência no mundo dos negócios. Com quatro milhões de acessos mensais e uma equipe de dez jornalistas, apresenta tendências e notícias ligadas a política econômica, comércio exterior, indústria, finanças, tecnologia e agronegócio.
www.panoramabrasil.com.br

Photografos
O maior *site* brasileiro de fotografia digital contempla um impecável acervo de imagens, alusivas a variados temas como turismo, gastronomia, esportes etc. Ótima referência para aproveitar os recursos da imagem na sua comunicação institucional.
www.photografos.com.br

Plantão de Notícias
Satiriza os erros da imprensa e reúne os casos mais engraçados dos bastidores dos jornais, TVs e rádios. Criado por Maurício Menezes, ex-Estadão.
www.plantaodenoticias.com.br

Podcasting Brasil
De qualquer parte do planeta, pode-se conferir as novidades do universo da comunicação e do marketing, selecionar assuntos de sua preferência e ouvi-los, sem intervalos. É a primeira geradora de conteúdo empresarial em *podcasting* para o mercado nacional.
www.podcastingbrasil.com.br

Política para Políticos
Uma boa forma de evitar situações inusitadas é manter seu *media training* em dia. A seção Marketing Político do *site* traz boas dicas de como se portar frente à imprensa e transmitir corretamente sua mensagem.
www.politicaparapoliticos.com.br

Portal da Comunicação
A central de jornalismo do UOL reúne as principais notícias do Brasil e do mundo em textos, *blogs*, vídeos e infográficos.
www.portaldacomunicacao.com.br

Portal Imprensa
Ótima dica para profissionais autônomos e pequenas e médias empresas. Versão digital da revista impressa, possibilita acesso gratuito às últimas matérias publicadas, ao melhor dos bastidores da imprensa e a uma vasta agenda de eventos.
http://portalimprensa.uol.com.br

Portal da Propaganda
Portal recheado de boas notícias e artigos sobre os bastidores do mundo da publicidade. Portfólios de agências de todos os portes, *top lists* ou entrevistas com as feras da propaganda, do marketing e das relações públicas, entre outras áreas da comunicação.
www.portaldapropaganda.com

PR Newswire
Oferece uma gama completa de serviços, entre eles um *website* específico para a mídia, distribuição de fotos e ProfNet, serviço que coloca os jornalistas em contato com fontes especializadas.
www.prnewswire.com.br

Rádios
Uma idéia simples e genial. Quem acessa o *site* conta com um verdadeiro serviço de rádio via *web*, com alcance do Oiapoque ao Chuí, passando pela Nova Zelândia.
www.radios.com.br

Radio Eldorado AM
Com 86% dos ouvintes das classes A e B, 66% economicamente ativos e 98% com mais de 25 anos de idade, o Jornal Eldorado é o carro-chefe da emissora e um dos radiojornais de maior audiência na Grande São Paulo entre os formadores de opinião.
www.radioeldoradoam.com.br

Reader's Digest Association
Nasceu em 1922 nos EUA com o objetivo de contar histórias que emocionam, abordar assuntos importantes no dia-a-dia e inspirar uma vida melhor. A sua versão brasileira é prestigiada mensalmente por cerca de 400 mil leitores.
www.readersdigest.com

Repórter Social
Um *site* sobre a sociedade brasileira. A agência de notícias e pautas tem como foco a miséria, educação e saúde, além de habitação e terra, ecologia, trabalho e direitos humanos.
www.reportersocial.com.br

Revista Amanhã
Considerada a "*Veja*" do sul do país, pratica um ótimo jornalismo e é dirigida aos empresários, executivos e profissionais com interesse nos temas econômicos e empresariais.
www.amanha.com.br

Revista Consumidor Moderno
Criada em 1995 com o objetivo de estimular as relações de consumo saudáveis, conscientes e profissionais, unindo os elos de consumo no Brasil.
www.consumidormoderno.com.br

Revista IstoÉ Dinheiro
Uma das revistas especializadas mais lidas em todo o Brasil.
www.terra.com.br/istoedinheiro

Revista Melhor – Gestão de Pessoas
Hospeda reflexões e informações fundamentais para quem lida com o fator humano nas organizações empresariais.
www.revistamelhor.com.br

Sacolão Brasil
O portal consagrou-se como o primeiro jornal de mentiras da internet. E elas já pegaram até jornalistas mais desprevenidos. Criado por Fernando Morgado, o *site* é uma bela lição de bom humor.
www.sacolaobrasil.com.br

SP Brasil Clipping
O *site* traz informações sobre o trabalho de clipagem de notícias. Uma clipadora é um dos muitos fornecedores de serviços no segmento de comunicação corporativa.
www.clippingspbrasil.com.br

Stephen Kanitz
No portal do articulista da revista *Veja* e consultor de empresas, há excelentes artigos que devem ser lidos por todos que quiserem entender melhor o Brasil.
www.kanitz.com/index_refresh.htm

Teste seu vocabulário
Ter um rico e expressivo vocabulário é o desejo de todos. Entretanto, poucos são os que se dedicam a cultivá-lo. Neste *site*, um simples exercício com apenas 30 vocábulos pouco usados no cotidiano pode ajudá-lo a medir seu conhecimento.
www.interney.net/testes/teste001.php

Trans World News
Para conhecer tendências universais do mundo dos negócios, da política, esportes, entretenimento e turismo.
www.transworldnews.com

Uptimebot
Ferramenta que permite aferir o *ranking* de popularidade do seu *web site* nos principais mecanismos de busca da internet mundial.
www.uptimebot.com

Vozes Brasileiras
Das mensagens de espera telefônica às atuais rádios internas, os empresários têm cada vez mais se preocupado com "a voz da empresa". Com um arquivo extenso de vozes brasileiras, este *site* oferece serviços de locução, cursos, produção de quadros para emissoras de rádio do Brasil, gravação de *spots*, vinhetas e telemensagens empresariais.
www.vozesbrasileiras.com.br

Dicas de Leitura

ARBEX JR., José. **O Jornalismo Canalha – A promíscua relação entre a mídia e o poder**. São Paulo, Editora Casa Amarela, 2003.
BARBEIRO, Heródoto. **Você na Telinha**. São Paulo, Editora Futura, 2002.
BARROS, Maria Luiza; MEIRELLES, Gilda. **O Negócio é o Seguinte**. São Paulo, Editora Ibradep, 2005.
BORDIN FILHO, Sady. **Marketing Empresarial: 100 dicas para valorizar a imagem de sua empresa**. Rio de Janeiro, Record, 2004.
CASSIANO, Ângela; SMANIOTTO, Suze. **20 Anos de boas notícias – Práticas de Assessoria de Imprensa**. São Paulo, Sá Editora, 2002.
CHINEM, Rivaldo. **Assessoria de Imprensa - Como Fazer**. São Paulo, Editora Summus, 2003.
CHINEM, Rivaldo. **Comunicação Empresarial – Teoria e o dia-a-dia das assessorias de comunicação**. Vinhedo, Editora Horizonte, 2006.
CORREA, Roberto. **O Atendimento na Agência de Comunicação**. São Paulo, Global Editora, 2006.
DORNELES, Carlos. **Deus é inocente, a imprensa não**. São Paulo, Globo, 2002.
DUARTE, Jorge. **Assessoria de Imprensa e Relacionamento com a Mídia**. São Paulo, Atlas, 2003.
FERNANDES, Álvaro. **Quem não tem problemas de comunicação?** São Paulo, Editora Idéia & Ação, 2003.
FRANZÃO, Ângelo Neto. **Midialização: o poder da mídia**. São Paulo, Nobel, 2006.
GARCIA, Maria Tereza. **A Arte de se Relacionar com a Imprensa**. São Paulo, Editora Novatec, 2004.
GOYZUETA, Verônica; OGIER, Thierry. **Guerra e Imprensa**. São Paulo, Editora Summus, 2003.
JUNG, Milton. **Jornalismo de Rádio**. São Paulo, Editora Contexto, 2004.
KINDLEBERGER, Charles Poor. **Manias, Pânico e Crashes – Um histórico das crises financeiras**. Editora John Wiley Trade, 2005.
LIPOVETSKY, Gilles. **Os Tempos Hipermodernos**. São Paulo, Barcarolla, 2004.
LOBATO, Elvira. **Instinto de Repórter**. São Paulo, Publifolha, 2004.
LORENZON, Gilberto; MAWAKDIYE, Alberto. **Manual de Assessoria de Imprensa**. São Paulo, Editora Mantiqueira, 2003.
LUCAS, Luciane. **Media Training**. São Paulo, Editora Summus, 2007.
M & A PUBLICAÇÕES E EVENTOS. **Com a Palavra, os Editores**. São Paulo, 1999.
MARQUES, José Nello. **Perguntar Ofende!** São Paulo, Editora Disal, 2003.
MARSHALL, Leandro. **O Jornalismo na Era da Publicidade**. São Paulo, Editora Summus, 2003.
MARTINS, Eduardo. **Manual de Redação e Estilo – O Estado de S. Paulo**. São Paulo, S.A. O Estado de S. Paulo/Editora Moderna, 1997.
MATOS, Gustavo Gomes de. **Comunicação Sem Complicação**. São Paulo, Editora Campus, 2004.
MATTOSO, Gilda. **Assessoria de Encrenca**. São Paulo, Ediouro, 2006.
NASSAR, Paulo. **Comunicação Interna – A Força das Empresas – Volume 2**. Edi-

tora Aberje, 2005.
NASSAR, Paulo. **Tudo É Comunicação**. São Paulo, Editora Lazuli, 2003.
NASSIF, Luís. **O Jornalismo dos Anos 90**. São Paulo, Editora Futura, 2003.
NEVES, Roberto de Castro. **Comunicação Empresarial Integrada**. Rio de Janeiro, Editora Mauad, 2000.
NOBLAT, Ricardo. **A Arte de Fazer um Jornal Diário**. São Paulo, Contexto, 2002.
NOGUEIRA, Nemércio. **Media Training**. São Paulo, Cultura Editores Associados, 1999.
OLIVEIRA, José Paulo Moreira de; MOTTA, Carlos Alberto Paulo. **Série Sucesso Profissional – Como Escrever Melhor**. São Paulo, Publifolha, 2000.
OLIVEIRA, Maria José da Costa. **Comunicação Pública**. Campinas, Editora Alínea, 2004.
PARK, Mike. **Divulgue seu negócio em apenas 1 hora**. São Paulo, Nobel, 2005.
PETIT, Francesc. **Marca e meus Personagens**. São Paulo, Futura, 2003.
PINHO, José Benedito. **Jornalismo na Internet**. São Paulo. Editora Summus, 2003.
RIBEIRO, Eduardo; PASCHOAL, Engel. **Jornalistas Brasileiros**. São Paulo, Editora Mega Brasil Comunicação, 2005.
RIBEIRO, Julio. **Fazer e Acontecer**. São Paulo, Cultura Editores Associados, 1994.
ROSA, Mario. **A Era do Escândalo – Lições, Relatos e Bastidores de Quem Viveu as Grandes Crises de Imagem**. São Paulo, Geração Editorial, 2003.
ROSA, Mario. **A Síndrome de Aquiles – Como lidar com as Crises de Imagem.** São Paulo, Editora Gente, 2001.
SOUZA, José Carlos Aronchi. **Gêneros e Formatos na Televisão Brasileira**. São Paulo, Summus, 2004.
SOUZA DE ALCÂNTARA, Norma. **A Fonte Pergunta – Uma Entrevista com a Imprensa**. São Paulo, Editora Gente de Propaganda, 2003.
SQUARISI, Dad; SALVADOR, Arlete. **A Arte de Escrever Bem**. São Paulo, Contexto, 2004.
SQUARISI, Dad. **Dicas da Dad – Português com Humor**. São Paulo. Contexto, 2002.
TRALLI, César. **Olhar Crônico**. São Paulo. Editora Globo, 2001.
VIANA, Francisco. **De Cara Com a Mídia – Comunicação Corporativa, Relacionamento e Cidadania.** São Paulo. Negócio Editora, 2001.
VIANA, Francisco. **Comunicação Empresarial de A a Z**. São Paulo, Editora CLA, 2004
VIANA, Francisco. **Hermes, A Divina Arte da Comunicação**. São Paulo. Editora CLA, 2006.
VIEIRA, Stalimir. **Marca – O que o coração não sente os olhos não vêem**. São Paulo, Edições Loyola, 2001.
VILLAS BOAS, Sérgio. **Formação e Informação Esportiva – Jornalismo para Iniciados e Leigos**. São Paulo. Editora Summus, 2005.
YOSHIDA, Ernesto; HIRATA, Lílian. **Como Divulgar Sua Empresa – Guia Pequenas Empresas Grandes Negócios**. São Paulo. Editora Globo Coleção Guia Prático nº5.

Este livro foi composto nas fontes
Times New Roman e Arial e impresso
em outubro de 2008 pela
Prol Editora Gráfica
sobre papel Pólen Bold 90g.

Impresso no Brasil